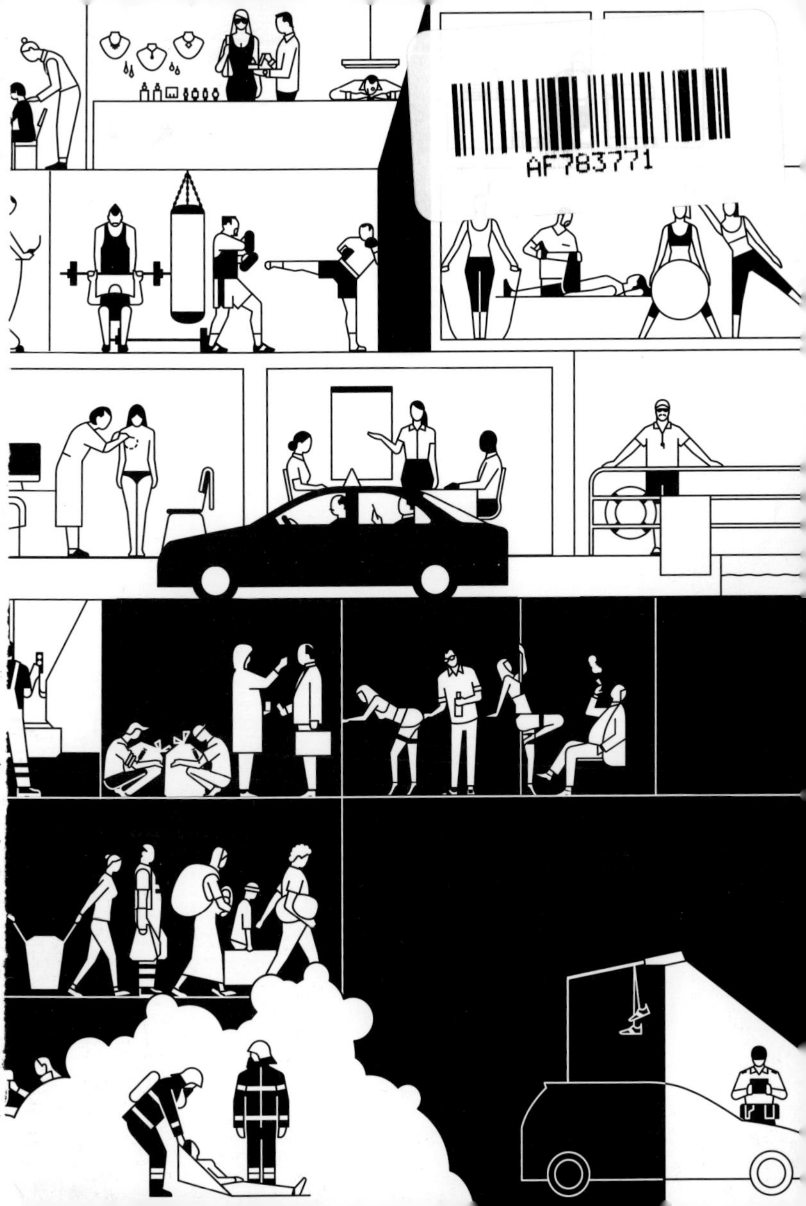

Attac et Civic city

# Notre monde à changer !

Lars Müller Publishers

# « Il y a une seule et même planète pour tous. Un nombre considérable de pressions écologiques, sociales et politiques déchirent son tissu, qu'on perçoit à peine, qu'on n'étudie pas, qu'on ne comprend pas.

**Tous ceux qui ont ne serait-ce qu'une vague conscience de cette totalité s'alarment de constater que des intérêts égoïstes et mesquins – le patriotisme, le chauvinisme, les haines ethniques, religieuses et raciales – ont les moyens de conduire à la destruction massive. Le monde ne peut vraiment pas s'offrir ce luxe très longtemps. »**

Edward W. Said, *Culture et impérialisme,* Le Monde diplomatique, Librairie Arthème Fayard, Paris 2000.

**Nous habitons une planète que les uns appellent Terre, d’autres Zeme, Trái đât, כדור הארץ, земля, Ziemia, Erde, Föld, Toke, Γη, পৃথিবী, 地球, Maa ; d’autres encore أرض, Tokë, Aarde, Yer, ਧਰਤੀ, பூமி, earth, Kyrgyz Жер, terra, Romanes, երկիր, Lupa, Ierde, Duniya, Honua, uwa, c̣ré, Jörðln, ערד, ផែនដី, ແຜ່ນດິນໂລກ, Lurra, aiye, yuta, Äerd, whenua te whaea, Зemjata, ddaear, …**

23,5°

Les uns vivent dans l'hémisphère nord,

les autres dans l'hémisphère sud.

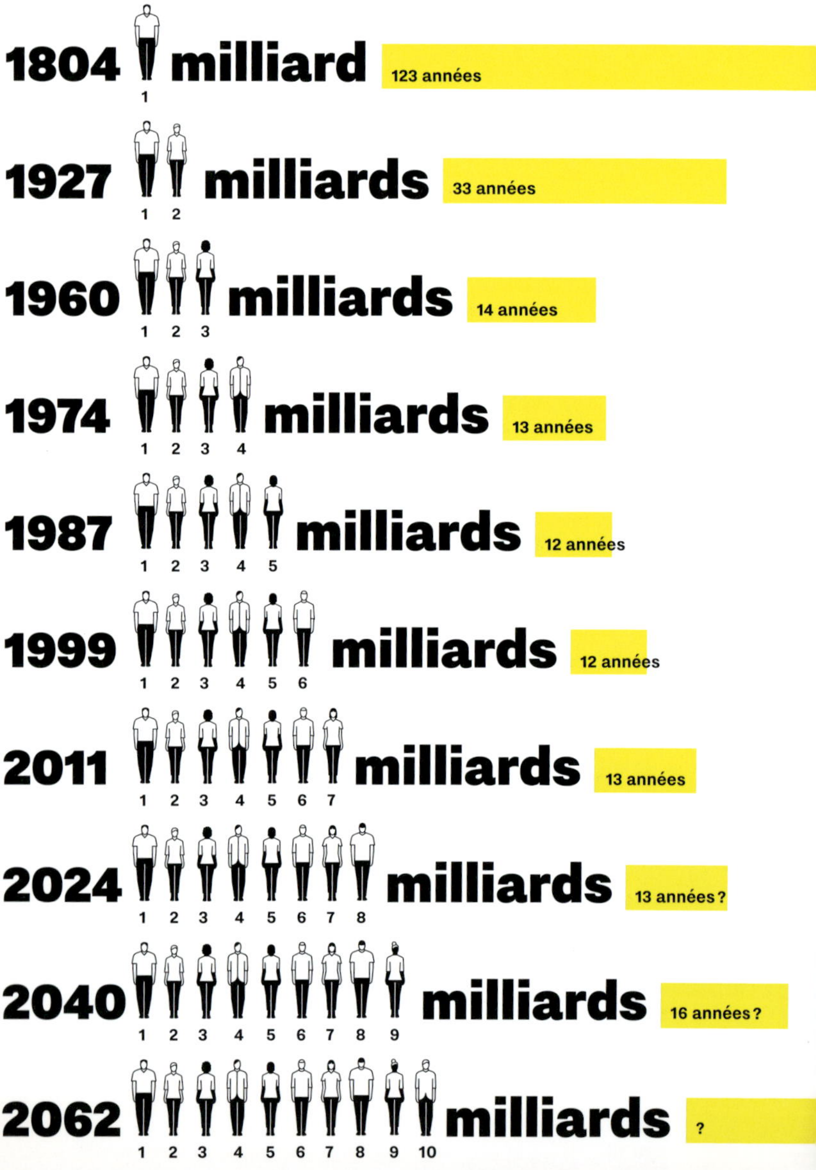
1804 1 milliard 123 années
1927 1 2 milliards 33 années
1960 1 2 3 milliards 14 années
1974 1 2 3 4 milliards 13 années
1987 1 2 3 4 5 milliards 12 années
1999 1 2 3 4 5 6 milliards 12 années
2011 1 2 3 4 5 6 7 milliards 13 années
2024 1 2 3 4 5 6 7 8 milliards 13 années ?
2040 1 2 3 4 5 6 7 8 9 milliards 16 années ?
2062 1 2 3 4 5 6 7 8 9 10 milliards ?

# Nous sommes bien nombreux sur cette planète et nous le serons encore plus demain.

Selon l'ONU la population pourrait pourtant se stabiliser vers 10 milliards en 2065. S'il n'a fallu que 12 ans pour passer de 6 milliards d'habitants en 1999 à 7 milliards en 2011, il en faudra 13 pour atteindre les 8 milliards et 16 pour que nous soyons 9 milliards.

**Nous serions aujourd'hui 7,5 milliards d'humains sur la Terre. Un chiffre bien difficile à se représenter. Seulement 100 personnes figurent sur cette illustration, il en resterait donc ≈ 7 400 000 000 900 qui ne figurent pas ici. Mais, ceci ne nous aide pas vraiment à nous représenter ce chiffre considérable !**

*En sachant que la ville de Hong Kong est bien plus petite sur une carte du monde.*

**Essayons d'autres méthodes pour nous aider à nous représenter ce chiffre : ces 7,5 milliards d'habitants ne correspondent par exemple qu'à seulement 115 fois la population de l'agglomération de Hong Kong (Delta de la rivière des Perles : 65 millions d'habitants.)**

# 326 fois celle de New York :

# 357 fois celles de Mumbai ou Sao Paulo, 535 celles de Moscou ou d'Istanbul, 625 fois celle du Grand Paris ou, plus facile encore, exactement 7500 fois la population de la ville de Bologne qui compte environ 1 million d'habitants.

**Au lieu de faire figurer 7500 fois un symbole qui représente cette ville nous pouvons, comme le firent dans les années 20 du siècle passé le sociologue Otto Neurath et le graphiste Gerd Arntz, représenter une figurine qui symbolise 1 million d'habitants et la répéter 7500 fois.**

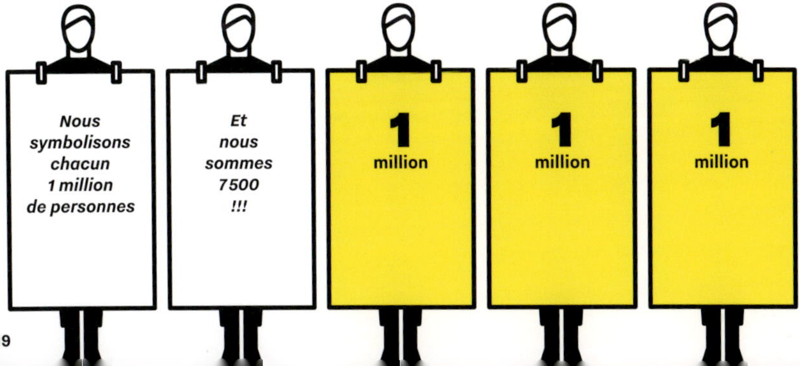

# Il y a 240 millions d'habitants sur cette double page. Il faudrait donc 31 doubles pages pour représenter la population de la Terre...

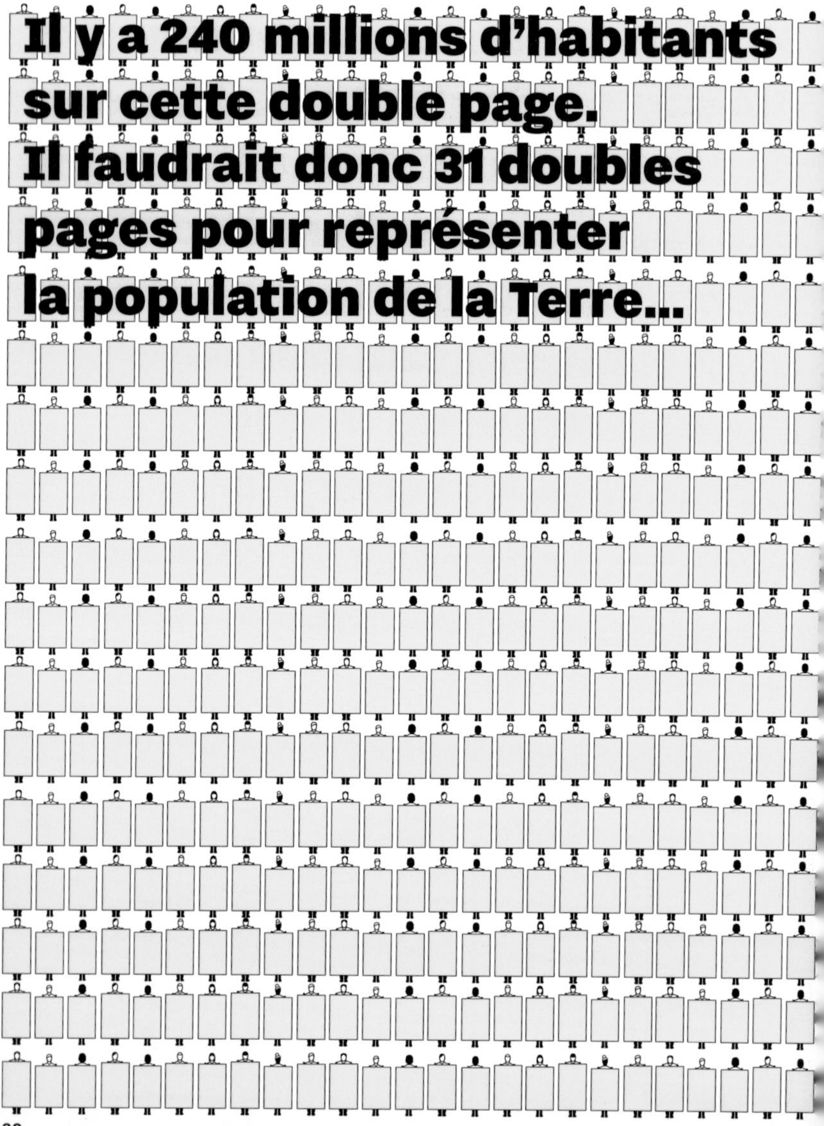

**La densité de population sur l'ensemble des 149 400 000 km$^2$ de terres émergées est de 50,2 habitants par km$^2$. Aussi, si l'on divisait cette superficie en parts égales, à chacun des 7,5 milliards de citoyens du monde correspondrait une surface de 19 920 m$^2$, soit 141 × 141 m ou encore trois terrains de football.**

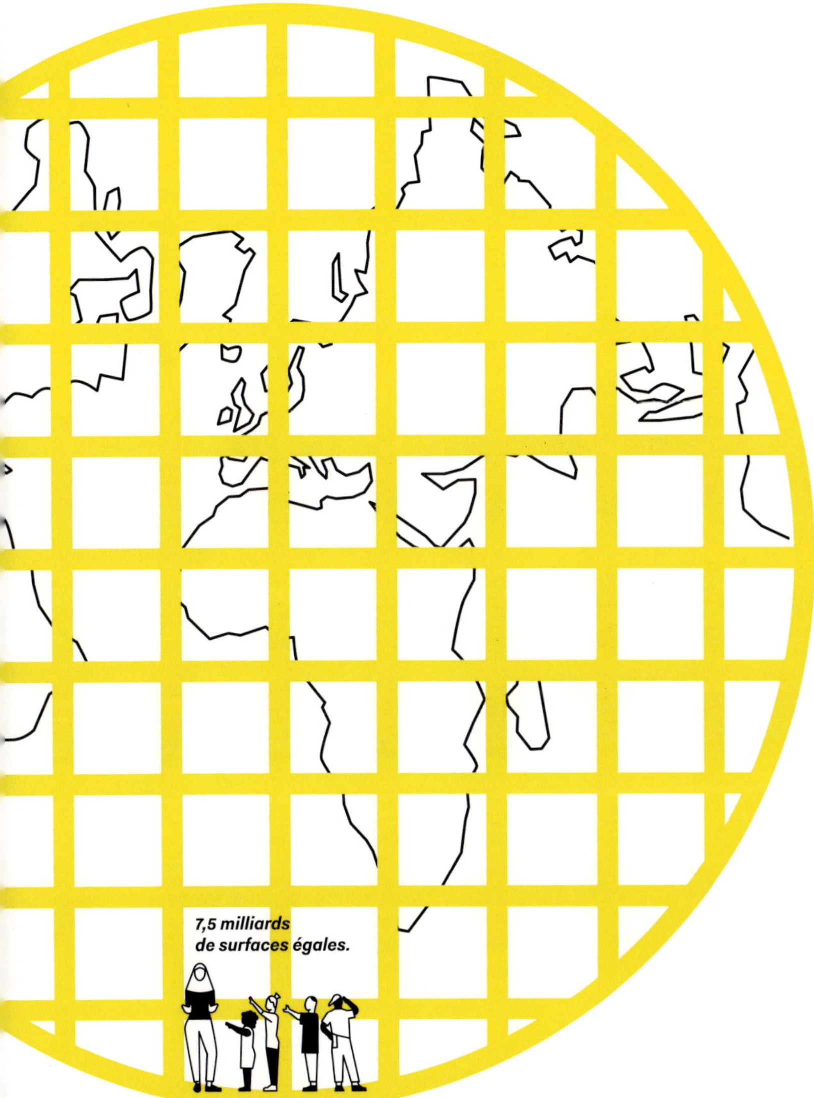
*7,5 milliards de surfaces égales.*

**Mais ce calcul ne tient pas compte des espaces communs, ni de ceux nécessaires à la subsistance des espèces animales, aux forêts qui absorbent le dioxyde de carbone et rejettent l'oxygène nécessaire à la vie. Il ne tient pas non plus compte des déserts et autres surfaces difficilement habitables.**

Les villes concentrent 80 % des émissions de $CO_2$.

On estime que seul un huitième de la surface de la Terre convient aux humains ; les trois-quarts de la Terre sont recouverts par les océans et la moitié des terres émergées sont des déserts (14 %), des hautes montagnes (27 %) ou d'autres milieux peu accueillants.

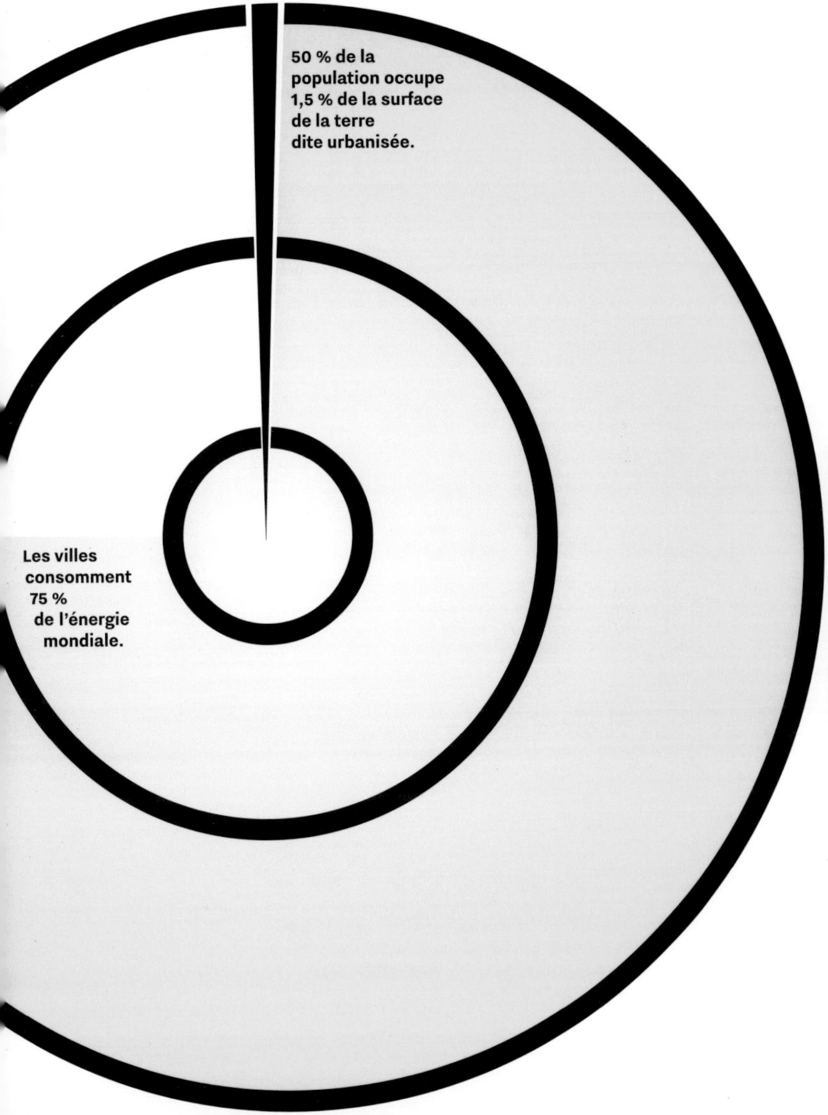
50 % de la population occupe 1,5 % de la surface de la terre dite urbanisée.
Les villes consomment 75 % de l'énergie mondiale.

# L'empreinte écologique de la population mondiale dépasse largement la biocapacité de la Terre, c'est-à-dire la surface actuellement disponible pour produire les ressources renouvelables et absorber le $CO_2$.

Exprimée en hectares, par année et par personne, l'empreinte écologique d'une population humaine mesure la surface nécessaire pour produire les ressources et pour absorber les déchets qu'elle produit. Cette surface productive est constituée de forêts, de terres cultivées et de pâturages. Elle comprend également l'eau potable et les ressources des océans. Un hectare global est un hectare de terre ayant la capacité de fournir des ressources et d'absorber des déchets à un volume correspondant à la moyenne mondiale. La surface biologiquement productive nécessaire pour régénérer les ressources consommées était de 1,7 hectare par habitant en 2014. En 2030 il faudra donc deux surfaces de la planète pour régénérer celle de la surface de la Terre.

Une ville est comme un organisme vivant en ceci que son métabolisme humain et industriel exige des aliments et produit des déchets. Pour Londres, par exemple : il faut 125 fois sa surface en territoires adéquats pour subvenir à tous les besoins de la ville durablement ! Cette surface que la ville nécessite pour survivre durablement est appelée empreinte écologique de la ville.

# 50 % des 7,5 milliards de citoyens de la Terre habitent dans les villes. Quand ils ne sont pas forcés de dormir dans la rue, ils vivent dans des espaces exigus ou mal équipes !

En 2030 le taux d'urbanisation mondial devrait dépasser les 60 % de la population.

**La densité de la population varie beaucoup d'un continent à l'autre ainsi que d'une ville à l'autre.**

Continents :

**Asie**

**Afrique**

**Amé. du Nord**

**Amé. du Sud**

**Antartique**

**Europe**

**Océanie**

Villes :

**Tokyo**

**New York**

**Paris**

**Mumbai**

**Calcutta**

**Manille**

| Personnes par km² : | Espace au sol par personne en m² : |
|---|---|
| 87 | 11 449 |
| 29 | 3 448 |
| 20 | 5 000 |
| 21 | 4 761 |
| 0,0007 | 142 857 142 |
| 73 | 1 369 |
| 4 | 25 000 |
| 13 500 | 7,4 |
| 16 708 | 14,9 |
| 21 064 | 4,7 |
| 22 922 | 4,3 |
| 27 462 | 3,6 |
| 43 079 | 2,3 |

**Il existe sur Terre de grosses différences de revenus entre les pauvres, les moins pauvres, les un peu riches, les riches et surtout les très très riches.**

# Les 10 % les plus riches possèdent 83 % de la richesse mondiale,

**les 90 % restants se partagent donc 17 % de la richesse mondiale.**

**Les richesses des personnes les plus riches au monde n’ont pas seulement augmenté mais doublé entre 2009 et 2014.**

**Les richesses des 60 individus les plus riches au monde sont désormais supérieures à celles détenues par les 50 % les moins bien lotis de la population mondiale. Autrement dit, 3,5 milliards de personnes se partagent les mêmes richesses que ces 60 personnes vraiment trop fortunées.**

**Même si la population augmente, le nombre de personnes dont le patrimoine cumulé correspond à celui de la moitié la plus pauvre de la population mondiale ne cesse de diminuer.**

2010 = 388 individus aussi riches
que 3,45 milliards de personnes

2011 = 177 individus aussi riches
que 3,5 milliards de personnes

2013 = 92 individus aussi riches
que 3,6 milliards de personnes

2015 = 62 individus aussi riches
que 3,75 milliards de personnes

**L’imaginaire de la société capitaliste étant l’accumulation infinie de richesses, ces hyper-riches seront sans doute bientôt assez peu nombreux pour pouvoir se réunir autour d’une seule table.**

# Par contre, les richesses des 50 % les moins bien lotis de la Terre ne cessent de diminuer

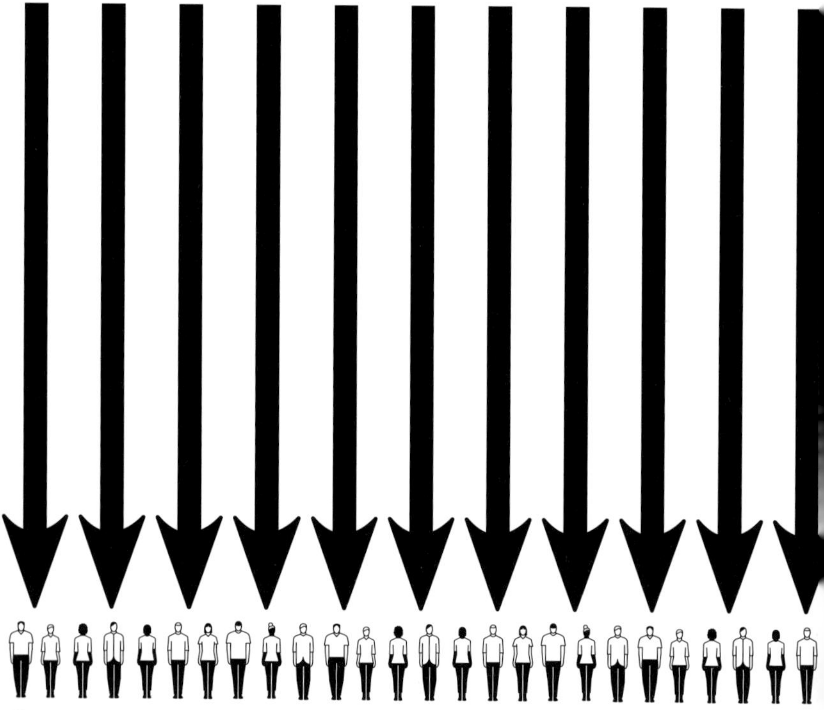

# depuis 2009, ce sont eux qui payent la crise de la spéculation de 2008…

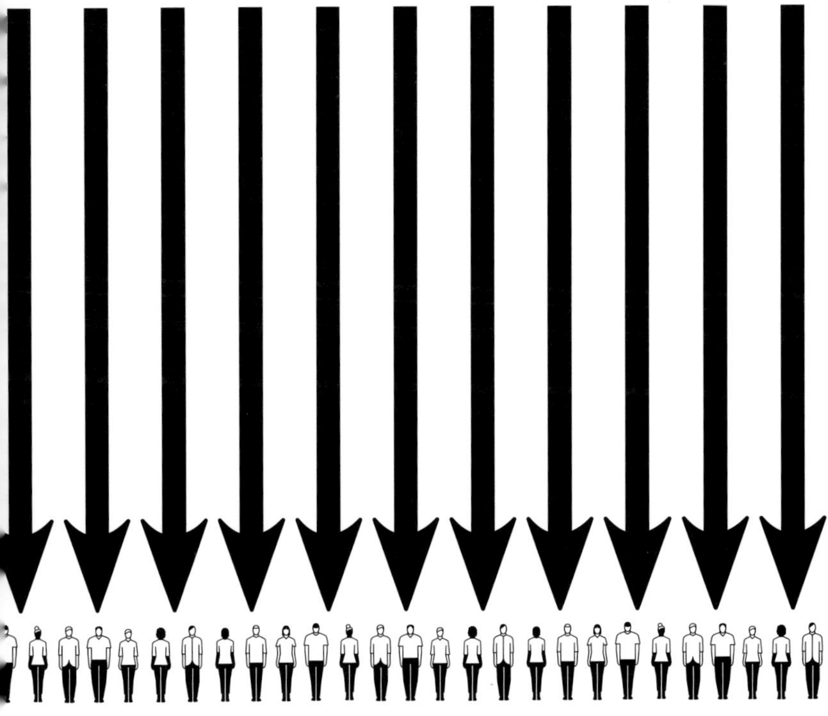

# La part du patrimoine mondial détenue par les 1 % les plus riches est passée de 44 % en 2009 à 48 % en 2014, et a même dépassé les 50 % en 2015.

**Le patrimoine de la moitié la plus pauvre de la population mondiale s'est réduit de 1 000 000 000 000 de dollars (mille millards de dollars) depuis 2010.**

Ne l'avons-nous point
mérité cher Bill ?

**Cette planète Terre est devenue soudain beaucoup plus inégalitaire et la tendance s'accélère encore. Alors que des centaines de millions de personnes souffrent de la faim, les ressources qui pourraient les aider sont amassées par quelques personnes en haut de l'échelle.**

C'est normal, que j'ai hérité !

# Cette augmentation des inégalités est due en partie au fait que les plus riches recourent aux sociétés offshore afin d'éviter de payer leurs impôts.

**Les multinationales et les grandes fortunes ne suivent pas les mêmes règles que l'ensemble de la population en refusant de payer les impôts dont la société a besoin pour fonctionner.**

Bénéfices
I am
the
best

# 118 grandes entreprises sur 201 sont présentes dans au moins un paradis fiscal. Elles appauvrissent les États, renforcent les inégalités économiques et empêchent des centaines de millions de personnes de sortir de la pauvreté.

On estime que 7600 milliards de dollars de capitaux privés sont détenus sur des comptes offshore, ce qui représente un douzième de la richesse mondiale. Si des impôts étaient payés sur les revenus générés par ces avoirs, les États disposeraient de 190 milliards de dollars de plus par an.

« Les plus riches ne peuvent plus prétendre que leur fortune bénéficie à la société. En fait, leur extrême richesse est symptomatique d'une économie mondiale malade. La récente explosion des grandes fortunes s'est faite au détriment du plus grand nombre, en particulier des personnes les plus pauvres. » (Winnie Byanyima)

# Taxes et impôts

**Moins d'un million de personnes – soit une personne sur 54 000 ou 0.014 % de la population mondiale – détiennent 90 % des fortunes offshore du monde.**

Président milliardaire fier de ne pas payer d'impôts.

# Offshore est un terme anglais qui signifie « en dehors des côtes » …

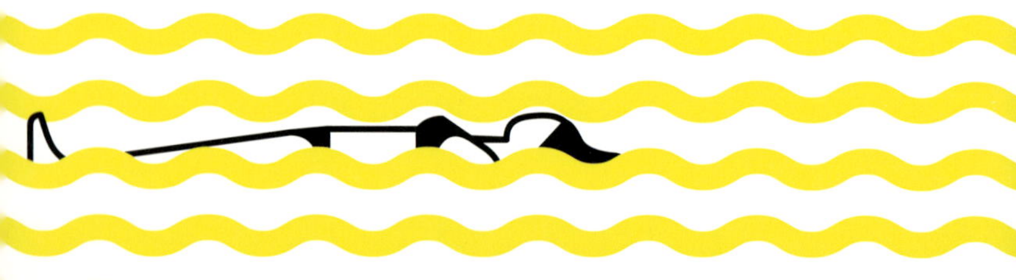

**Dans le domaine de la finance, le terme offshore est utilisé pour désigner la création d’une entité juridique dans un autre pays que celui où se déroule l’activité, afin d’optimiser la fiscalité (paradis fiscaux).**

*Choisissez votre adresse fiscale !*

# Pas d'impôts ou si peu.

**Mais la richesse et la production effective ne se trouvent pas vraiment dans ces paradis fiscaux. Ceux-ci ne servent que de boîtes aux lettres pour éviter le paiement d'impôts et de taxes.**

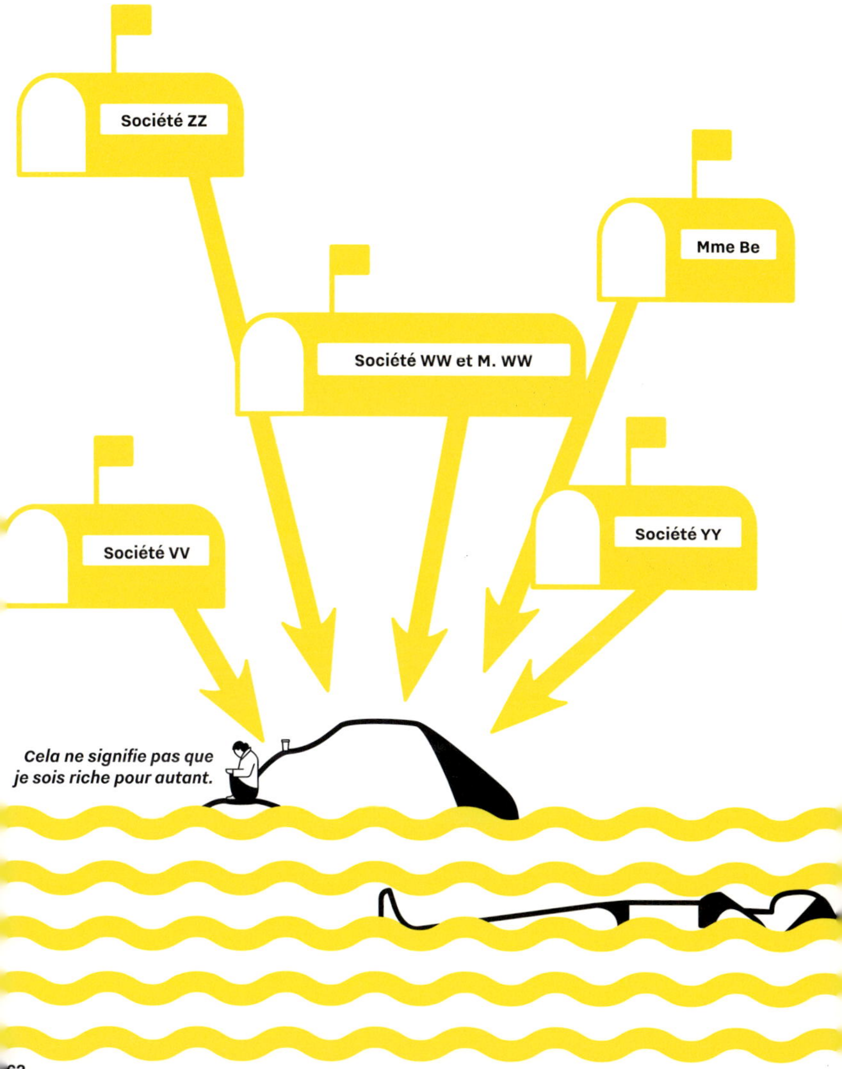
Société ZZ
Mme Be
Société WW et M. WW
Société VV
Société YY
Cela ne signifie pas que je sois riche pour autant.

**50 % des flux financiers liés au commerce international transitent par les paradis fiscaux et donc de fait par des sociétés dont les sièges sociaux se trouvent dans ces paradis fiscaux pour ne pas payer de taxes dans les pays où se réalisent réellement ces échanges.**

Société YY

# 36 000 milliard

**de dollars sont dissimulés sur des comptes bancaires hébergés par des paradis fiscaux.**

# S

Et pendant ce temps la crise !

**240 000 milliards**

**Ces 36 000 milliards de dollars représentent 15 % de la richesse financière mondiale estimée à 240 000 milliards de dollars, ce qui est énorme. Même taxés à seulement 0,5 % ils constitueraient une somme incroyable de 180 milliards de dollars par an.**

*Pourquoi devrions-nous payer des impôts, les nobles n'en payaient pas.*

**Pour résumer ces 36 000 000 000 000 de dollars échappent à l'imposition. C'est donc de l'argent que les États n'ont pas, alors qu'il serait bien utile**

**pour lutter contre la pauvreté et les inégalités par exemple.**

etc.

# Réduct

## Ces transactions via les sociétés offshore nuisent au fonctionnement

# ons

**de la société, de nos institutions et de ce qui nous est commun.**

# Réduct
# encore

## Écoles, santé, culture, aides et protections sociales, politiques d’aménagement,

# ions

**secours, perdent en qualité et affaiblissent la cohésion de nos sociétés.**

# et donc :

**Peut-on considérer toutes les entreprises et tous les individus qui utilisent ces paradis fiscaux et ces sociétés offshore comme des criminels car leurs actions sont fortement préjudiciables à l'état économique du monde et parce qu'ils sont co-responsables de la pauvreté dans le monde ?**

**Ne devrait-on pas mettre en place des tribunaux pénaux internationaux, au même titre que ceux qui se chargent des violations du droit humanitaire international, pour juger les délits financiers et leurs conséquences néfastes sur la préservation de la planète et le bien-être de ses habitants ?**

Justice
internationale

# Pour désarmer le pouvoir de la finance, Attac a des propositions :

## Taxer les transactions financières.

Une taxe de 0,1 % sur la spéculation mondiale réduirait fortement le volume des transactions inutiles et dangereuses. Elle rapporterait par ailleurs des sommes non négligeables : 300 à 400 milliards de dollars par an.

Il y a chaque année entre un million deux cent mille milliards et un million huit cent mille milliards de dollars de transactions financières, dont les trois quarts portent sur des produits dérivés échangés sur les marchés opaques.

## Éradiquer vraiment les paradis fiscaux.

Des zones légales connues de tous cachent l'illégalité : argent sale, évasion fiscale… Comment expliquer que près de dix ans après le début de la crise financière de 2008, les banques et transnationales continuent à localiser leurs profits dans les paradis fiscaux et juridiques ?

**Entre 1 200 000 milliards et 1 800 000 milliards de dollars transitent chaque année par les banques.**

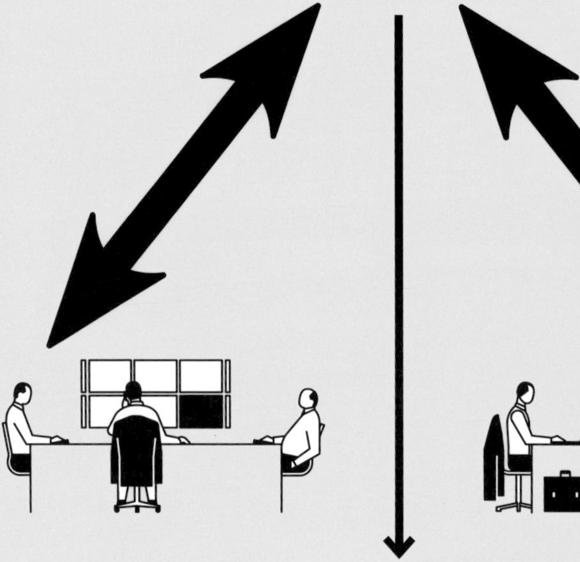

**Entre 300 et 400 milliards de dollars pourraient être récupérés sur la base d'une taxe de 0,1 % sur les transactions bancaires.**

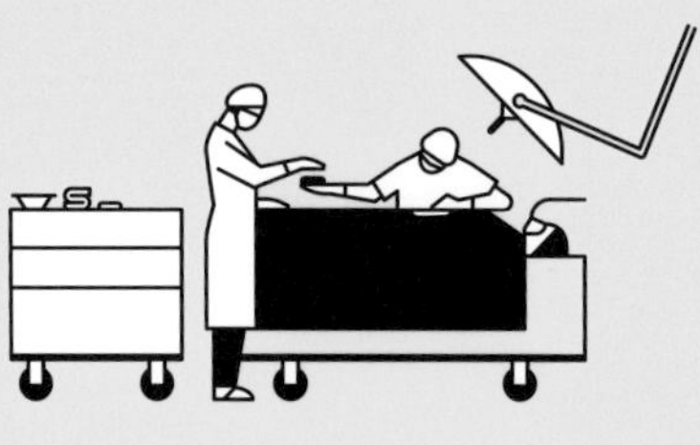

**Ne parvenant pas toujours à réduire encore plus leurs dépenses, et ne cherchant pas vraiment à récupérer les impôts fraudés par les plus riches, les États ne cessent de s’endetter chaque année davantage.**

L’État n’ayant pas l’argent nécessaire pour couvrir ses dépenses emprunte.

L’année d’après, l’État doit consacrer une part supplémentaire de son budget pour payer les intérêts de ses emprunts. Même s’il réduit ses autres dépenses il doit toujours emprunter.

Bien que les dépenses sociales des États diminuent, la dette augmente, et le poids des intérêts aussi.

Une part de plus en plus importante des impôts ne sert qu’à rembourser les intérêts, sans que les dettes ne diminuent.

Les créanciers peuvent compter sur le FMI qui met le couteau sous la gorge des États pour les obliger à rembourser.

Pour couvrir les dépenses indispensables l'État emprunte encore, ou bien il privatise ses services et s'affaiblit de plus en plus.

Une part de plus en plus importante de l'argent de nos impôts va dans les poches de ces mêmes riches qui souvent n'en payent pas ou si peu et pourtant se plaignent.

Et lorsque l'État ne parvient plus à rembourser on n'hésite pas à créer un désastre social comme en Grèce par exemple pour le forcer à payer les intérêts aux créanciers.

# Privatiser les profits et socialiser les pertes : les banques gagnent à tous les coups.

Elles profitent de l'endettement des ménages, de celui des entreprises,comme de celui des États. La dette publique est passée en moyenne pour les 11 pays les plus riches de 35,1 % du PIB en 1980 à 100,6 % en 2015.

# En cas de crise les banques se voient renflouées à coups de centaines de milliards de dollars par l'argent des contribuables et celui de leurs clients.

Après avoir pris des risques insensés qui ont conduit au krach de 2007–2008, les banques se sont refait une santé aux frais des contribuables ! Renflouées, les banques ont pu reprendre leurs lucratives activités spéculatives.

# Les grandes banques mondiales sont toujours aussi actives dans les paradis fiscaux.

Malgré le renflouement des banques par les États
et donc par l'argent des contribuables,
elles n'ont pas changé leur comportement et agissent
encore contre l'intérêt des citoyens
en développant leurs activités dans les paradis fiscaux
et en facilitant l'évasion fiscale de leurs clients.

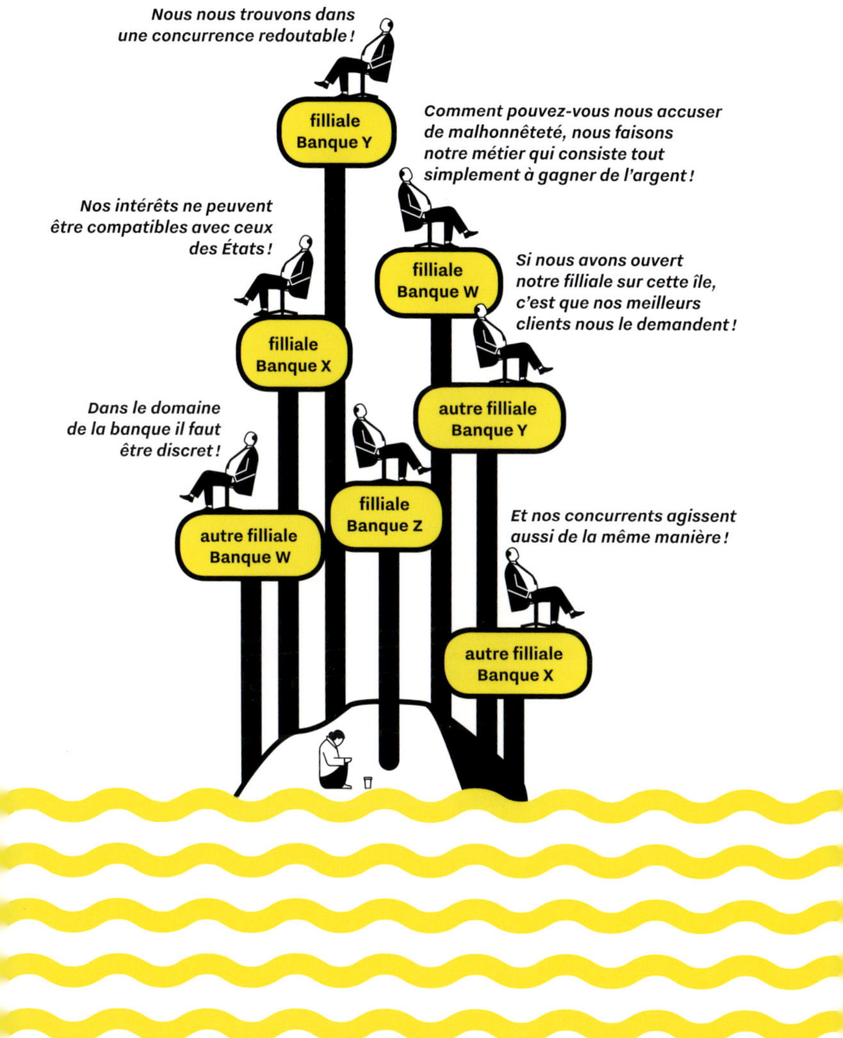
Nous nous trouvons dans une concurrence redoutable !
filliale Banque Y
Comment pouvez-vous nous accuser de malhonnêteté, nous faisons notre métier qui consiste tout simplement à gagner de l'argent !
Nos intérêts ne peuvent être compatibles avec ceux des États !
filliale Banque W
Si nous avons ouvert notre filliale sur cette île, c'est que nos meilleurs clients nous le demandent !
filliale Banque X
Dans le domaine de la banque il faut être discret !
autre filliale Banque Y
filliale Banque Z
autre filliale Banque W
Et nos concurrents agissent aussi de la même manière !
autre filliale Banque X

# Les spéculations financières entraînent par exemple des hausses des prix des denrées alimentaires qui mettent en péril la vie des populations les plus pauvres.

Neuf ans après la crise financière de 2008, rien n'a vraiment changé : spéculation effrénée, création de produits financiers toxiques, évasion fiscale, rémunérations des banquiers...
Nous voici revenus aux mêmes niveaux qu'avant la crise, voire au-delà. Les chiffres font peur.

Lors de la crise de 2008, les États européens ont dû mobiliser 4 500 milliards d'euros pour éviter que le système bancaire ne s'écroule comme un château de cartes. Soit 37 % du PIB de l'Union européenne. Cela a permis d'éviter l'effondrement du système bancaire mais pas la crise économique qui a suivi, dont des populations entières continuent de payer le prix.

Les produits dérivés, ce sont ces produits financiers à l'origine de la crise financière de 2008. Sept ans plus tard, malgré les grandes promesses de régulation, la spéculation sur ces produits dérivés est repartie de plus belle ! Une spéculation totalement déconnectée de l'économie réelle.

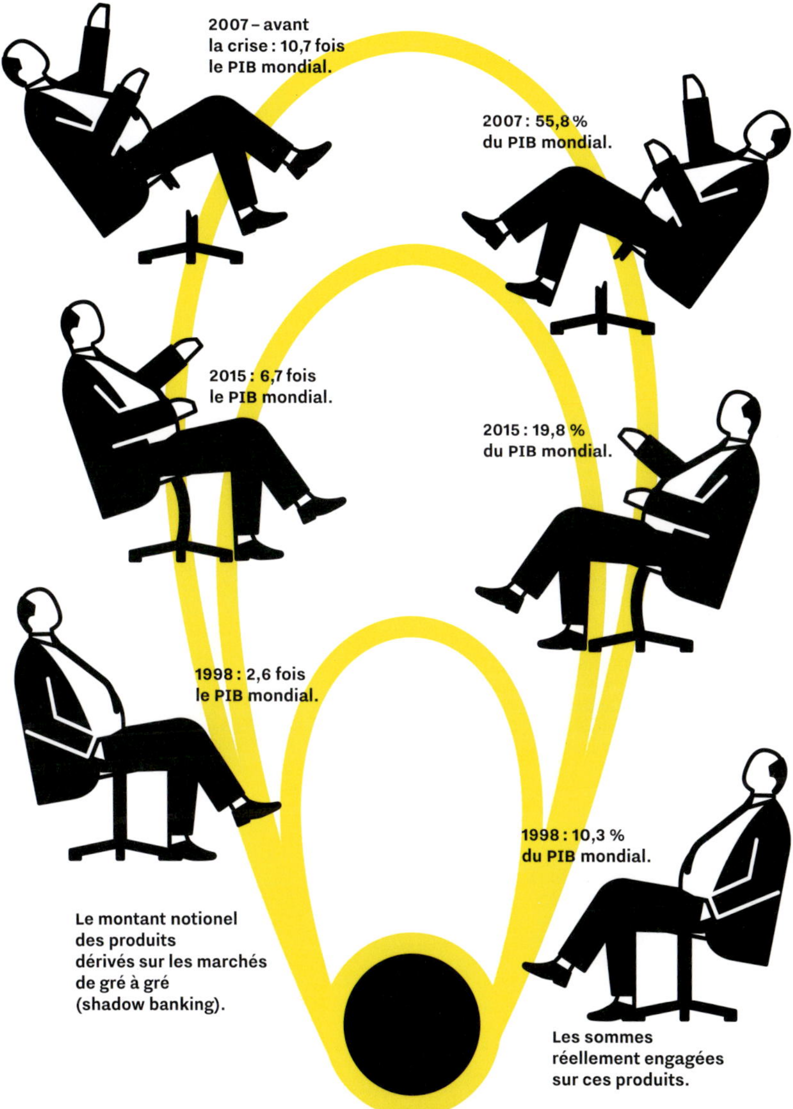
2007 – avant
la crise : 10,7 fois
le PIB mondial.
2007 : 55,8 %
du PIB mondial.
2015 : 6,7 fois
le PIB mondial.
2015 : 19,8 %
du PIB mondial.
1998 : 2,6 fois
le PIB mondial.
1998 : 10,3 %
du PIB mondial.
Le montant notionel
des produits
dérivés sur les marchés
de gré à gré
(shadow banking).
Les sommes
réellement engagées
sur ces produits.

# Les spéculations financières entraînent des hausses des prix des denrées alimentaires qui mettent en péril la vie des populations les plus pauvres.

La spéculation est « l'activité consistant à tirer profit par anticipation de l'évolution à court, moyen ou long terme du niveau général des prix ou d'un prix particulier en vue d'en retirer une plus-value ou un bénéfice. La hausse des valeurs notamment sur le marché à terme se prête bien à la spéculation ».

Quand dans les pays les plus pauvres, les populations doivent déjà dépenser 80 % de leurs revenus pour leur alimentation, toute augmentation supplémentaire des prix les rend tout simplement incapables de payer leurs aliments.

La Banque mondiale a estimé que pendant la phase des prix les plus élevés, en 2007/2008, 100 millions d'êtres humains de plus ont souffert de la famine parce qu'ils n'étaient plus à même de payer ces prix élevés. En 2011, le prix des trois céréales les plus importantes – le blé, le maïs et le riz – a atteint, en moyenne mondiale et après correction de l'inflation, 150 % du prix de l'an 2000.

Pétrole, gaz, et autres combustibles.
Blé, maïs, riz et autres céréales.
Armes, munitions et services de sécurité.
Procès des multinationales contre les États.

# Aussi est-il urgent de :

# Dé-financiariser nos économies.

Nous demandons l'interdiction de la titrisation, des marchés opaques (« de gré à gré », « dark pools », « shadow banking », « trading à haute fréquence »…), des fonds qui spéculent avec l'argent des déposants (« effet de levier »). La spéculation sur les produits agricoles doit être définitivement bannie.

# Dégonfler les banques.

Les banques sont « trop grosses pour faire faillite ». Leur bilan dépasse parfois largement le PIB du pays dans lequel elles sont implantées. Leur faillite pure et simple serait un cataclysme. Mais elle sont aussi trop puissantes pour être contrôlées.

# Créer une véritable séparation entre banques de dépôt et banques d'affaires.

Les banques doivent être ramenées à une dimension humaine, devenir contrôlables, se tourner vers leur métier légitime pour financer la décentralisation et la relocalisation des économies et des sociétés.

Elles doivent collecter les dépôts, offrir une gamme de produits d'épargne simples et peu rémunérés, prêter en fonction de critères d'utilité sociale et écologique. Le service du crédit est un service d'intérêt public qui fonctionne avec notre argent : « les banques sont à nous. »

Ce projet favorisera
la baisse de $CO_2$
dans notre région.

Nous devons donc
lui donner les moyens
de sa réalisation.

Cet investissement n’est
pas directement rentable
mais il le sera à long terme.

Une proposition qui
nous a été recommandé
par notre comité local.

Un membre du comité
d’experts viendra
l’expliquer et la défendre.

Parmi les trois
demandes de crédit,
deux méritent
d’être discutées.

Comme expert
des questions
environementales,
je soutiens,
cette proposition.

Elle relève de l’intérêt
local commun
et doit être soutenue.

# Dès demain un pôle public financier doit être créé, au plan local et international, avec l'aide des banques publiques et de celles qu'il faudra sauver de la faillite.

**Les banques centrales devront contribuer directement au financement des investissements publics et privés pour la transition.**

**Le néolibéralisme tend à déposséder la société de tout contrôle sur la monnaie et le budget. Tant que la monnaie, le crédit et le système bancaire sont hors de contrôle, nous ne pourrons pas nous réapproprier notre avenir.**

# Le système bancaire doit être socialisé pour en donner le contrôle et la responsabilité à la société tout entière.

**La socialisation devra prendre d'autres formes que l'étatisation afin de répondre à tous les besoins, notamment locaux, et de permettre un véritable contrôle démocratique. Les décisions relatives aux crédits ne doivent plus dépendre de la seule rentabilité des investissements mais de critères sociaux et environnementaux.**

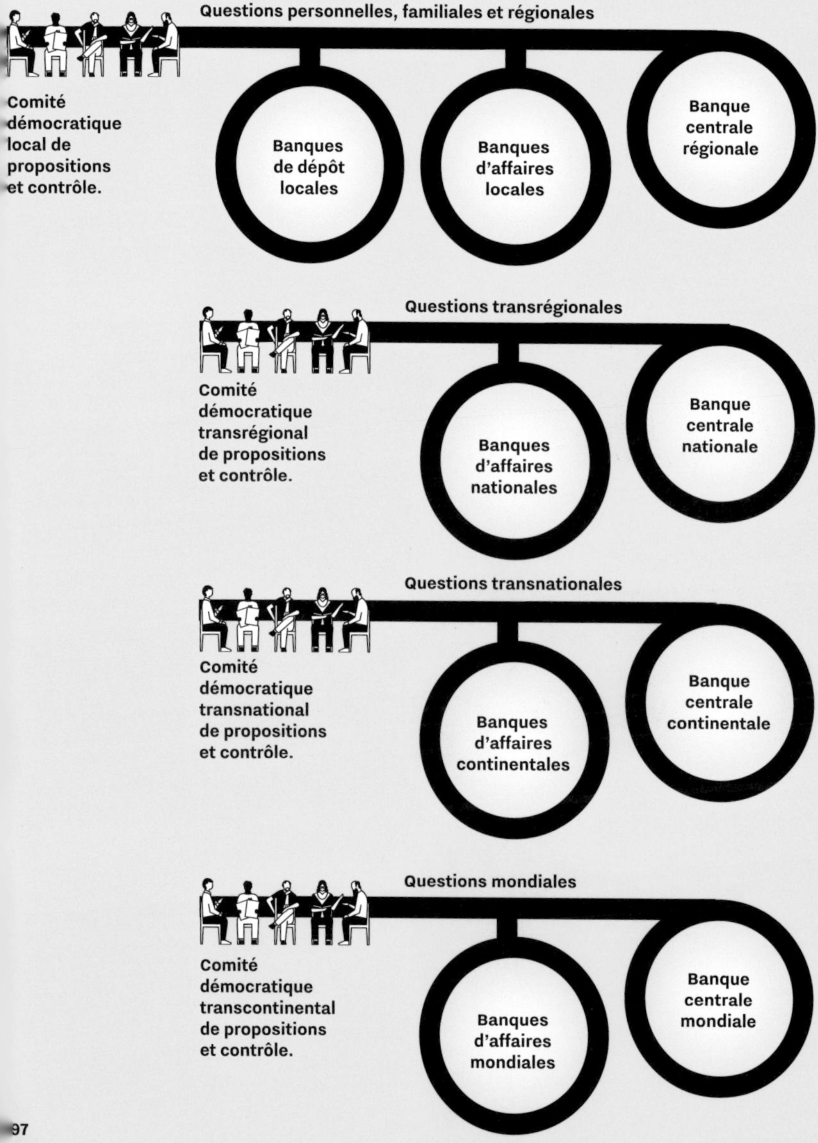
Questions personnelles, familiales et régionales
Comité démocratique local de propositions et contrôle.
Banques de dépôt locales
Banques d'affaires locales
Banque centrale régionale
Questions transrégionales
Comité démocratique transrégional de propositions et contrôle.
Banques d'affaires nationales
Banque centrale nationale
Questions transnationales
Comité démocratique transnational de propositions et contrôle.
Banques d'affaires continentales
Banque centrale continentale
Questions mondiales
Comité démocratique transcontinental de propositions et contrôle.
Banques d'affaires mondiales
Banque centrale mondiale

# Nous pouvons et nous devons favoriser le développement de monnaies locales complémentaires.

**C'est le meilleur moyen de relocaliser la création de richesses et de soutenir activement une économie de proximité appropriable par le citoyen. Ce mouvement ne doit pas engendrer des replis localistes mais permettre d'accélerer les nécessaires changements de politique monétaire aux plans transrégional, national, continental et mondial.**

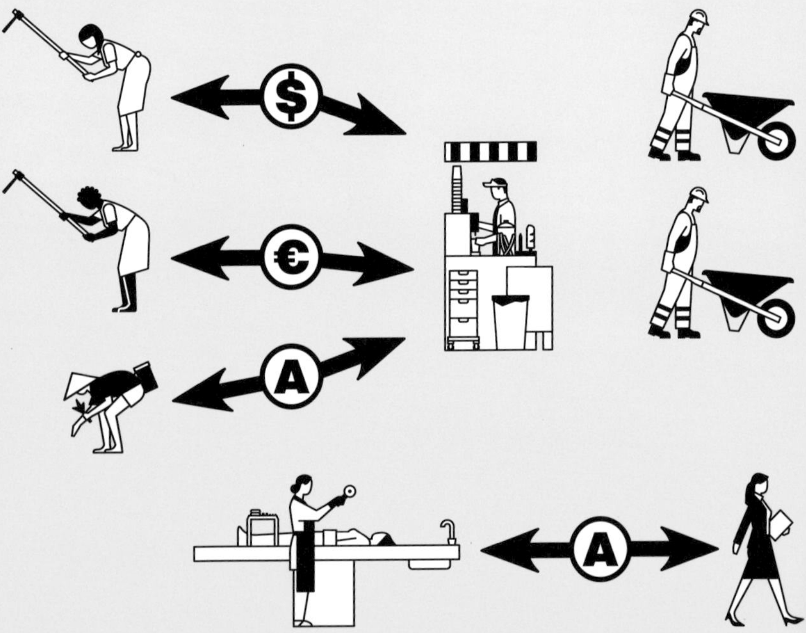

A

Marque de café globale, nationale ou locale ?
Marque globale, nationale ou locale ou simple boutique ?
Pain fabriqué industriellement et importé ou pain du boulanger local ou pain spécial de la boutique ?
Marque

# Les circuits courts renforcés par les monnaies complémentaires.

La relocalisation de la production et des échanges commence par la base. Partout dans le monde, les initiatives se multiplient en faveur de circuits courts de production et de commercialisation, reliant directement les producteurs entre eux et avec les consommateurs locaux.

Des relations équitables et conviviales s'établissent : les producteurs bénéficient d'un revenu stable et d'un préfinancement de leur investissements tandis que les consommateurs s'assurent de la qualité et de la diversité des produits ainsi que de la durabilité des procédés de production. Les systèmes d'échanges locaux permettent également de construire des solidarités économiques sur les territoires. Les monnaies complémentaires locales peuvent amplifier le mouvement.

# Mais nous n'en sommes pas là. Plus d'un milliard d'êtres humains vivent encore aujourd'hui avec moins d'un dollar par jour.

3/4 du milliard d'êtres humains
qui vivent avec moins
de 1$ par jour sont des paysans.

1$ hier, 1$ aujourd'hui, 1$ demain.

1$ hier, 1$ aujourd'hui, 1$ demain.

1 personne sur 7,5 a moins de 1$ par jour.

1$ hier, 1$ aujourd'hui, 1$ demain.

1$ hier, 1$ aujourd'hui, 1$ demain.

1$ hier, 1$ aujourd'hui, 1$ demain.

**2,8 milliards de personnes, soit près de la moitié de la population mondiale, vivent avec moins de 2 dollars par jour. Si le nombre de ces personnes vivant sous le seuil de pauvreté décroît, il reste très important.**

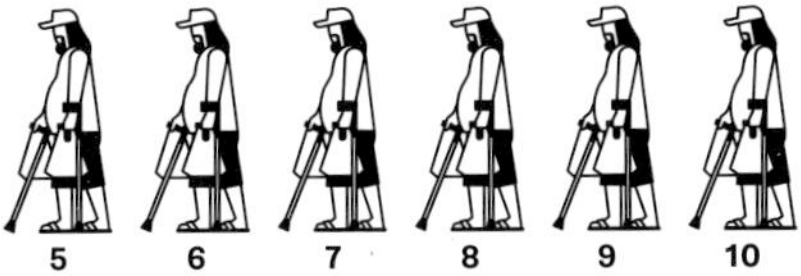


1 milliard de personnes vivent
sur notre Terre avec
moins de 1 dollar par jour.

1,8 milliard de personnes
vivent avec entre
1 et 2 dollars par jour.

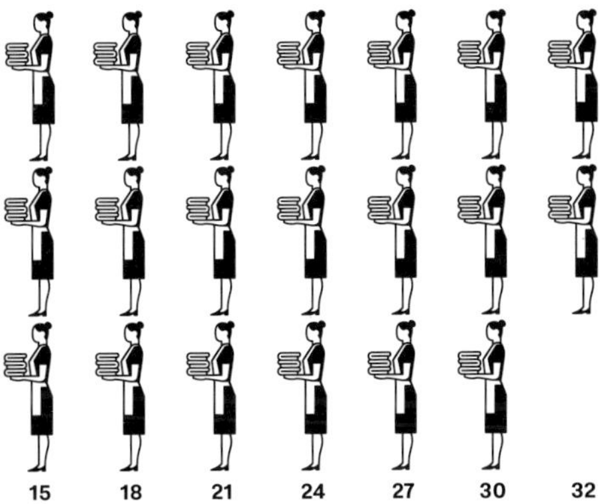


3,2 milliards de personnes
vivent avec entre
2 et 10 dollars par jour.

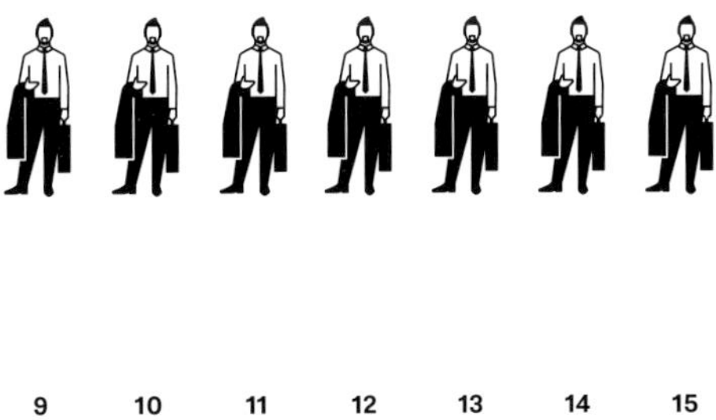


1,5 milliards de personnes
vivent avec plus
de 10 dollars par jour et parfois
avec beaucoup plus.

**2 personnes sur 15 vont aller se coucher ce soir en ayant faim. Où vont-elles dormir ? Se trouvent-elles en sécurité ? Combien d'enfants parmi ce milliard vivent avec moins d'un dollar par jour ?**

1
2
3
4
5
6
7
8
9
10
11
12

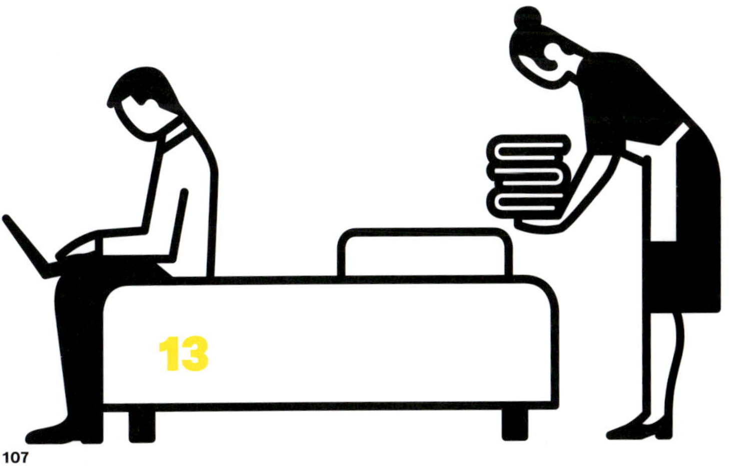
13

**Un enfant sur 5 n'a toujours pas accès à l'école primaire.**

# Chaque jour, 30 000 enfants de moins de 5 ans meurent de maladies qui auraient pu être évitées, soit plus de 11 millions d’enfants par an.

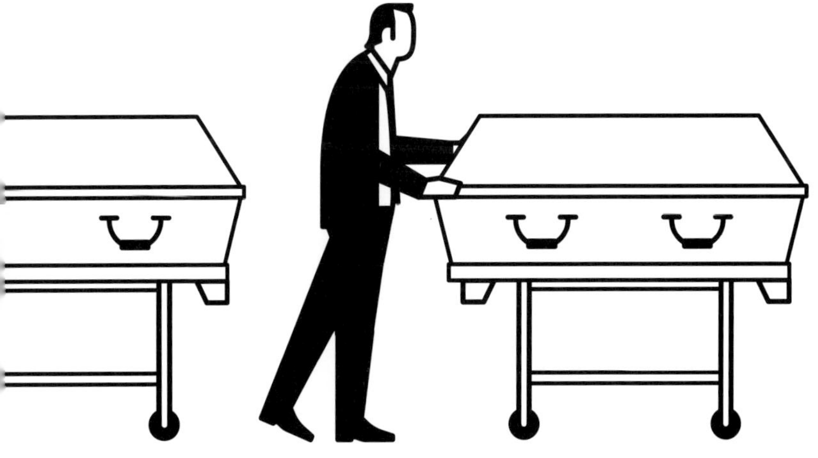

# 2,4 milliards de personnes sont privées d'installations sanitaires satisfaisantes.

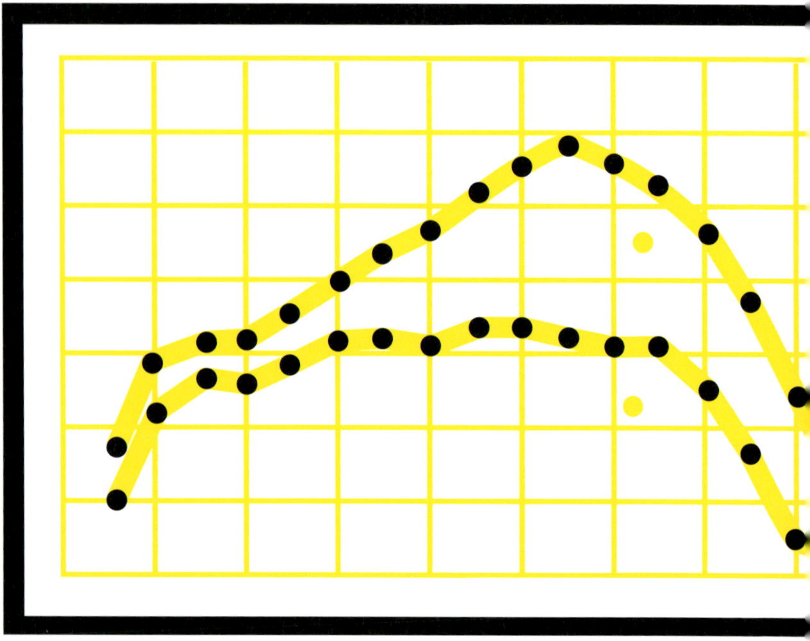

# Si nous poursuivons l'analyse de ces terribles chiffres sur la pauvreté dans le contexte du monde actuel, nous devons nous confronter à la courbe de l'éléphant qui résumerait tout.

**Conçue par les économistes de la Banque mondiale Branko Milanovic et Christopher Lakner, elle a pour avantage d'illustrer une importante partie des mutations économiques vécues par l'humanité depuis 1988 : la mondialisation, l'essor de la Chine et de l'Inde, le recul relatif de la pauvreté dans le sud et l'explosion de la richesse des plus riches, voire la stagnation de la richesse dans les pays industrialisés.**

**La courbe pourrait cependant faire croire que la progression de 30 % de ceux qui passent de 1 dollar à 1 dollar 30 par jour équivaudrait aux plus riches. Or, comme nous l'avons vu, ceux-ci gagnent l'équivalent de centaines de milliers de ces plus pauvres et à présent de 20 à 60 % en plus.**

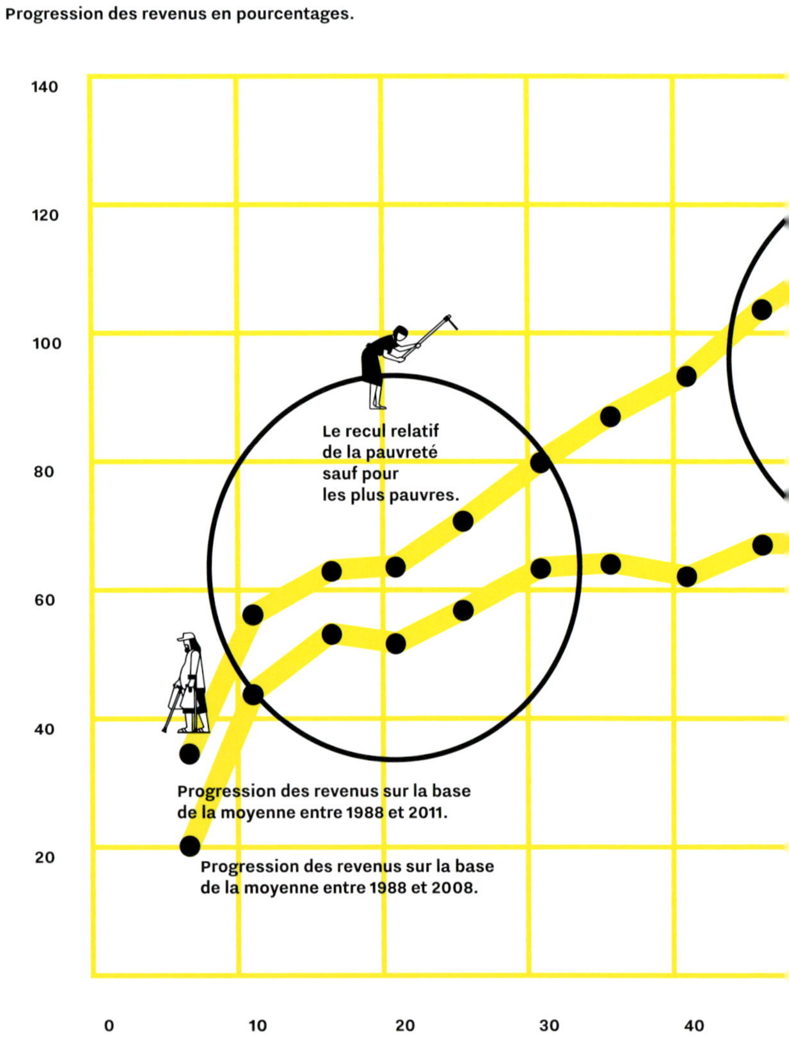

Progression des revenus en pourcentages.
140
120
100
80
60
40
20
Le recul relatif
de la pauvreté
sauf pour
les plus pauvres.
Progression des revenus sur la base
de la moyenne entre 1988 et 2011.
Progression des revenus sur la base
de la moyenne entre 1988 et 2008.
0
10
20
30
40
Pourcentage des revenus distribués des plus pauvres à gauche au plus riches.

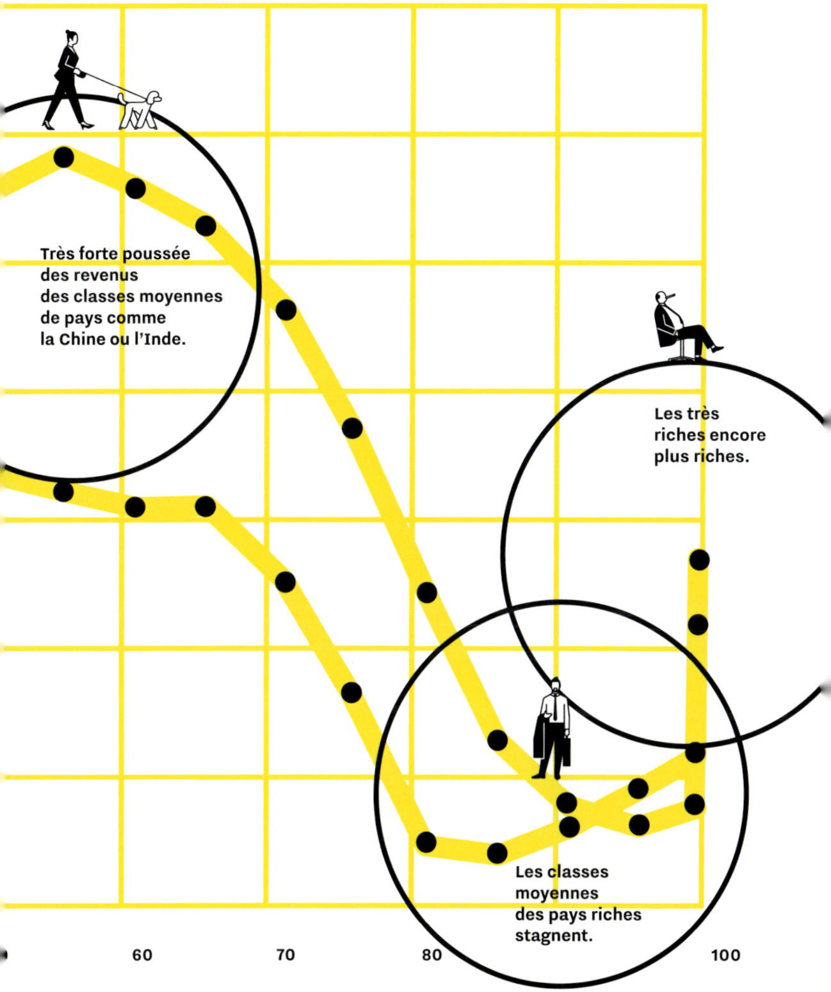
Très forte poussée des revenus des classes moyennes de pays comme la Chine ou l'Inde.
Les très riches encore plus riches.
Les classes moyennes des pays riches stagnent.
60
70
80
100

# Comment aller vers plus de justice sociale et vers une égalité réelle ? Attac propose de procéder à une redistribution générale des richesses en revalorisant partout le travail :

- Il faut interdire les licenciements économiques et les délocalisations pour les entreprises qui font des profits et soutenir les productions locales.
- Un salaire minimum doit être assuré en tout lieu de la Terre. Il faut veiller à le revaloriser là où il existe, les allocations de chômage devant permettre de vivre décemment.
- Il s'agit également de mettre en place un salaire maximum (égal à 10 fois le salaire minimum par exemple) afin de réduire les inégalités et les consommations ostentatoires.

# Maximum = 10 × minimum

# Minimum = X dollars

**L’égalité salariale femmes-hommes doit devenir une réalité, sous peine de lourdes pénalités.**

• La gratuité des consommations de base pour l’énergie et l’eau, le développement et la gratuité des transports collectifs, de l’éducation, service public du logement, aide à l’isolation du bâti… Afin d’améliorer les conditions de vie de classes populaires tout en réduisant l’empreinte écologique.

**Tout cela est possible en taxant les profits et en réduisant leur part dans les richesses distribuées et d’autre part en menant une vraie politique de création d’emplois.**

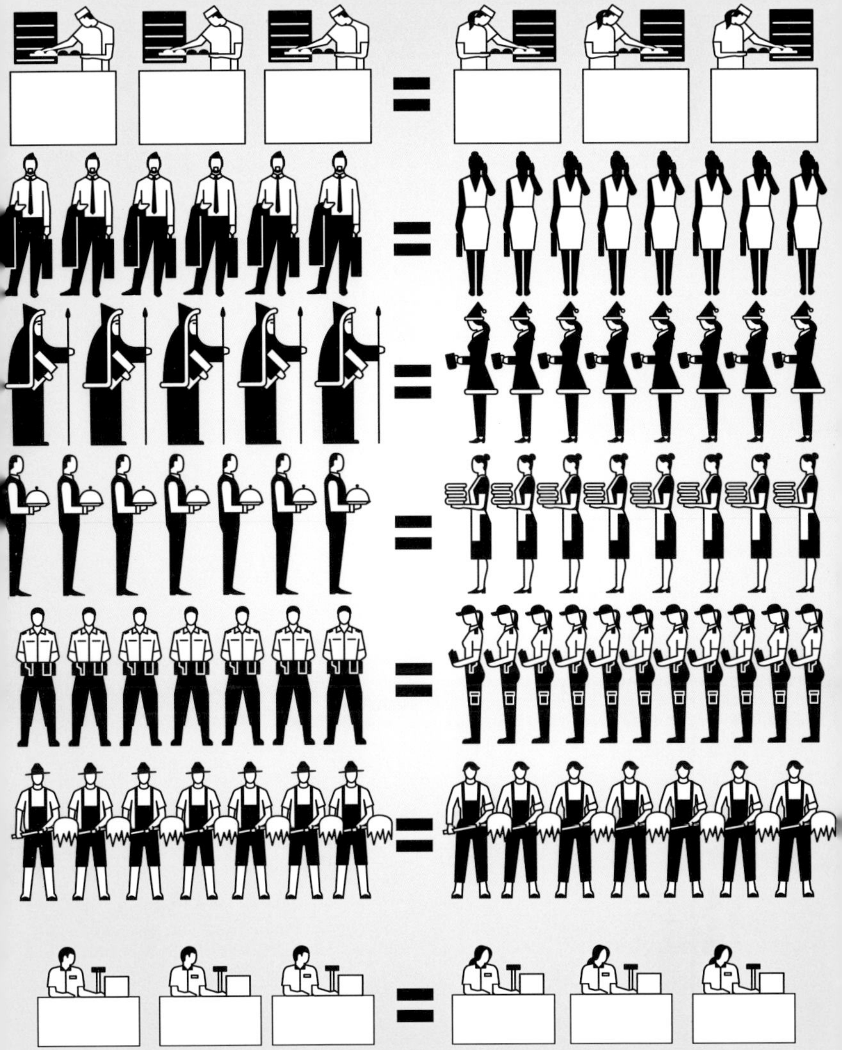

# Garantir à chacun et chacune un emploi et un revenu dans le cadre de la transition écologique, créer des emplois :

La défense de l'emploi est directement lieé à la transition écologique : il faut réindustrialiser, non pas pour continuer à produire toujours plus de marchandises et de gaspillage dans des industries toujours plus grandes et concentrées, mais pour développer, sur une base la plus locale possible, des technologies propres et économes en énergie, des usages collectifs, des énergies renouvelables, une agriculture paysanne. Prendre soin des humains et de la nature, investir dans des projets d'énergies renouvelables, d'agroécologie paysanne, de transports doux, reconvertir les industries polluantes, favoriser les technologies innovantes du lowtech, sont autant d'occasions de renouveler la notion de travail et de permettre la création de nombreux emplois.

# Réduire le temps de travail :

La réduction du temps de travail est un outil central de la bifurcation écologique et solidaire de nos sociétés car elle peut répartir le travail entre tous et toutes, freiner la course à l'accumulation et favoriser des modes de vie plus harmonieux. Le temps de travail doit être réduit, sans diminution de salaire et sans intensification du travail, pour lutter contre le chômage, dégager du temps libre pour les activités sociales, culturelles et politiques.

# L'accès pour tous et toutes à l'éducation doit être garanti, de même que l'accès à des soins de qualité.

Les laboratoires pharmaceutiques nécessitent d'être placés sous le contrôle de la collectivité et la prévention doit devenir la première des priorités.

• À plus long terme, il faudra refonder le marché du travail en mettant en place une sécurité sociale professionnelle. Elle garantira un revenu correspondant à son niveau de qualification même en cas de chômage ou de formation. Alors que les privatisations et la marchandisation contribuent à détruire ou envahir les services publics.

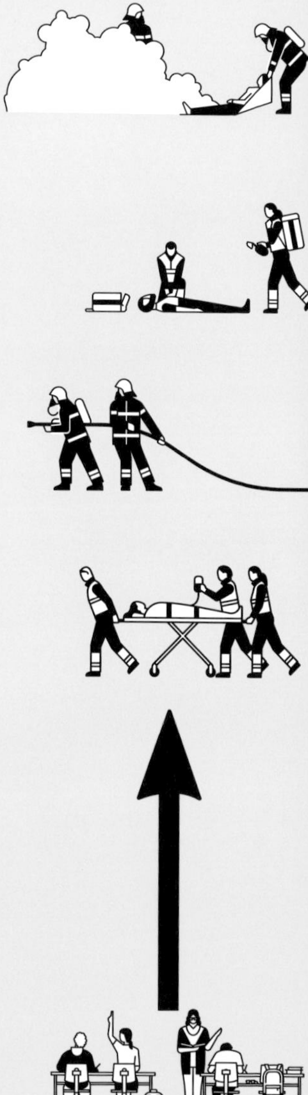

# Il est essentiel de démarchandiser la terre, la culture, la santé, l'enseignement, la recherche, l'information, les services de la petite enfance et les aides aux personnes dépendantes, l'énergie, l'eau et sa distribution, les semences, les transports collectifs.

**Il s'agit d'en faire des biens communs, gérés par des communautés dont la taille, qu'elle soit locale, nationale ou mondiale, sera le fruit d'une délibération collective. L'amélioration de la qualité de vie doit passer avant tout par le développement de la gratuité de l'accès aux biens fondamentaux.**

# Dans de nombreux pays, l'agriculture est soumise à la loi du libre-échange et à une exigence de croissance intensive.

On assiste à une recherche de gains de productivité dans des structures hyper concentrées qui stérilisent les sols, maltraitent les animaux, empoisonnent la population et détruisent les emplois.

L'accès à la terre et sa fonction nourricière sont remis en cause par des politiques d'accaparement menées par des États ou des firmes transnationales, qui transforment l'agriculture en activité industrielle visant à produire des agro-carburants ou encore à capturer le carbone émis par les immenses plantations en monoculture.

Les conséquences de la culture intensive sur l'environnement sont désastreuses:
• Pollution des nappes phréatiques, des sols et de l'air.
• Dissémination de substances cancérigènes
• Risques sanitaires pour les agriculteurs et les consommateurs.
• Diminution des pollinisateurs et de la bio-diversité générale.
• Augmentation du phénomène de résistance dû à l'utilisation de pesticides.
• Etc.

**Seules 90 entreprises bien identifiées sont responsables des deux tiers des émissions de gaz à effet de serre depuis le début de la révolution industrielle.**

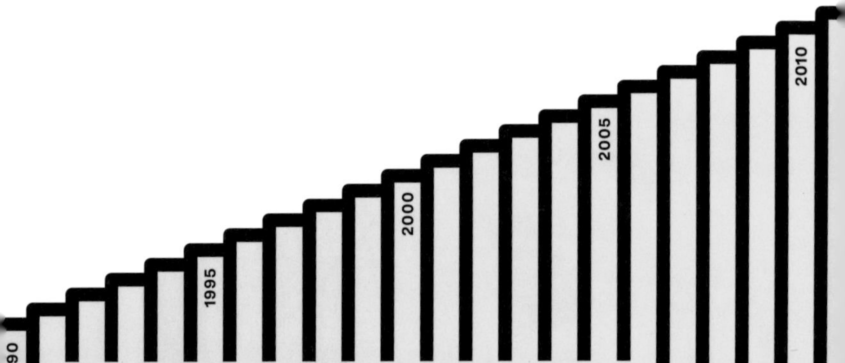


**Après avoir augmenté de 60 % depuis 1990, les émissions de gaz à effet de serre augmenteront encore de plus de 10 % d’ici à 2030.**

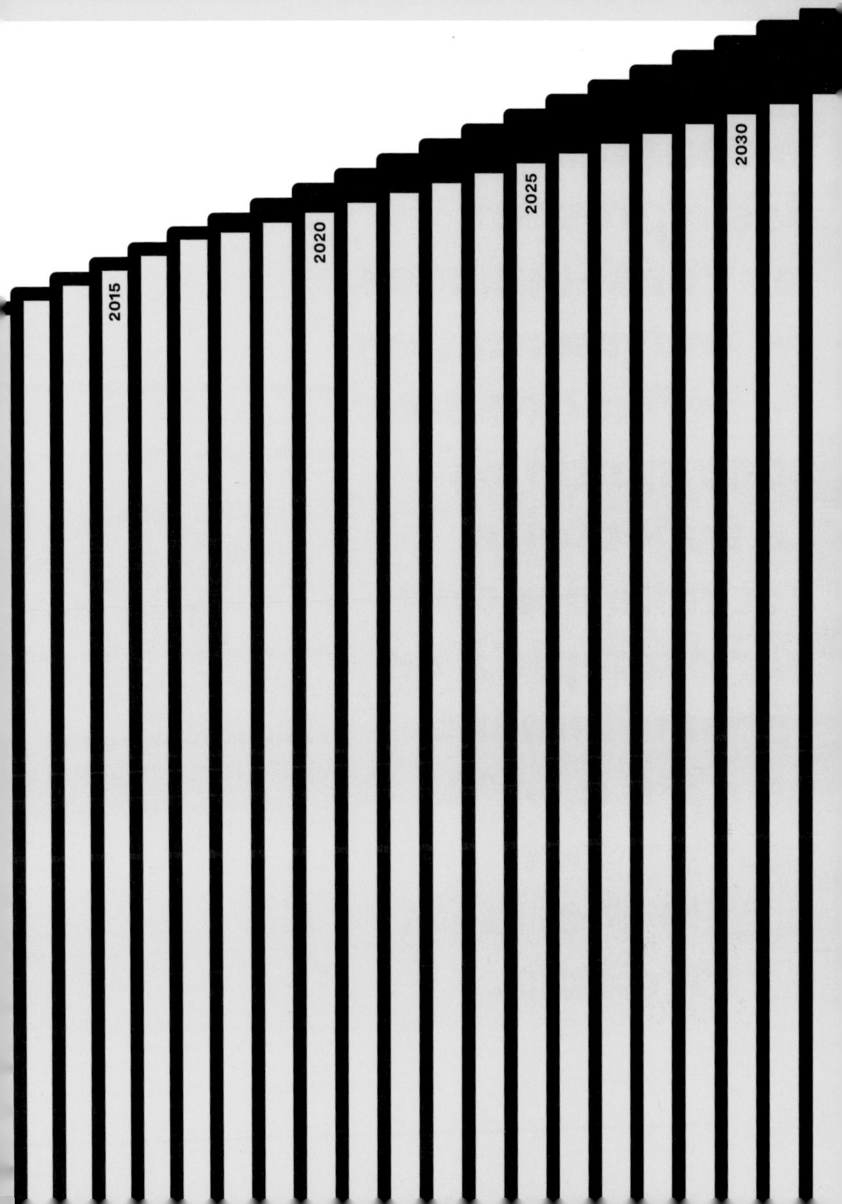
2015
2020
2025
2030

**Comme on peut le constater dès à présent les conséquences de l'augmentation de l'effet de serre sont multiples. La trajectoire actuelle conduit par exemple à un réchauffement de +3 °C à +4 °C par rapport à 1880 d'ici la fin du 21e siècle.**

La fonte des glaciers.

Augmentation du niveau des océans.

La diminution de la surface émergée.

Augmentation du nombre de personnes devant quitter leur région en raison des conséquences du réchauffement climatique.

+ 6 m
+ 4 m
+ 2 m

# La dernière fois que le climat a été plus chaud d'environ 2 °C c'était il y a 125 000 ans. Le niveau des océans était alors d'au moins 6 mètres plus élevé qu'aujourd'hui.

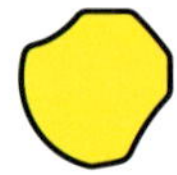

Augmentation des zones désertiques.

Diminution des surfaces agricoles.

Augmentation du nombre de personnes devant quitter leur région pour des raisons de sécheresse.

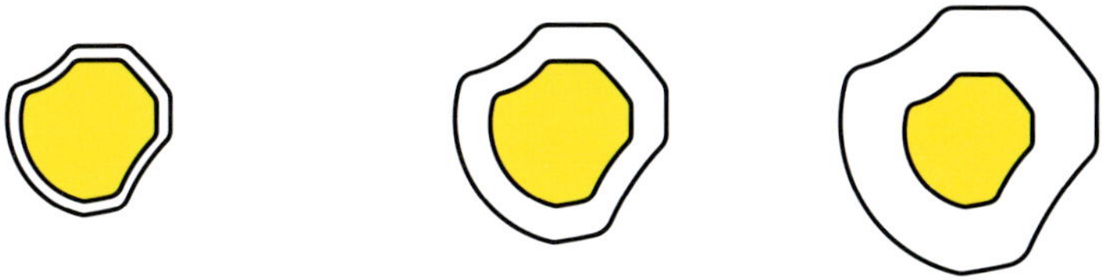

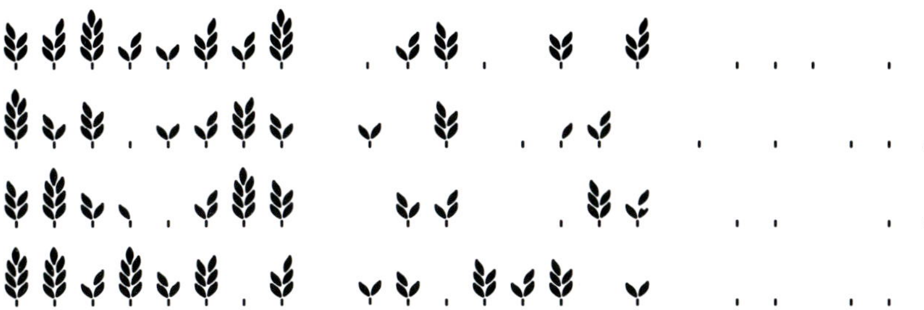

# L'élévation de la température moyenne à la surface du globe de +0,8 °C depuis un siècle suffit à ce que, dans les régions tropicales, les tempêtes et ouragans se multiplient et se renforcent.

Augmentation des phénomènes climatiques extrêmes.

Augmentation du chiffre des dommages.

Augmentation du nombre de personnes devant quitter leur région en conséquence de ces catastrophes naturelles.

**Des populations entières sont contraintes à l'exode. Les plus pauvres, les plus fragiles, sont les premiers à souffrir de cette violence climatique. Si le fossé entre les plus riches et les plus pauvres de la planète ne cesse de se creuser, il se superpose à celui qui sépare les responsables du dérèglement climatique de ses victimes.**

# L'accord de Paris signé en décembre 2015 lors de la COP21 prévoit de contenir le réchauffement global de la planète en deçà de 2 °C, ou même idéalement en deçà de 1,5 °C.

Et pourtant les engagements de réduction d'émissions pris par les États ne sont pas suffisants. Ils devraient conduire à un réchauffement climatique supérieur à 3 °C, ce qui, outre la montée des eaux due à la fonte des glaces des pôles Nord et Sud, aura des conséquences importantes sur le fragile équilibre de notre écosystème.

Niveau actuel de la mer

Niveau de la mer plus 6 m
Niveau de la mer plus 4 m
Niveau de la mer plus 2 m

# Cet écart entre le réel (les 3 °C ou plus) et le souhaitable (les 2 °C ou moins) n’est pas un bon point de départ.

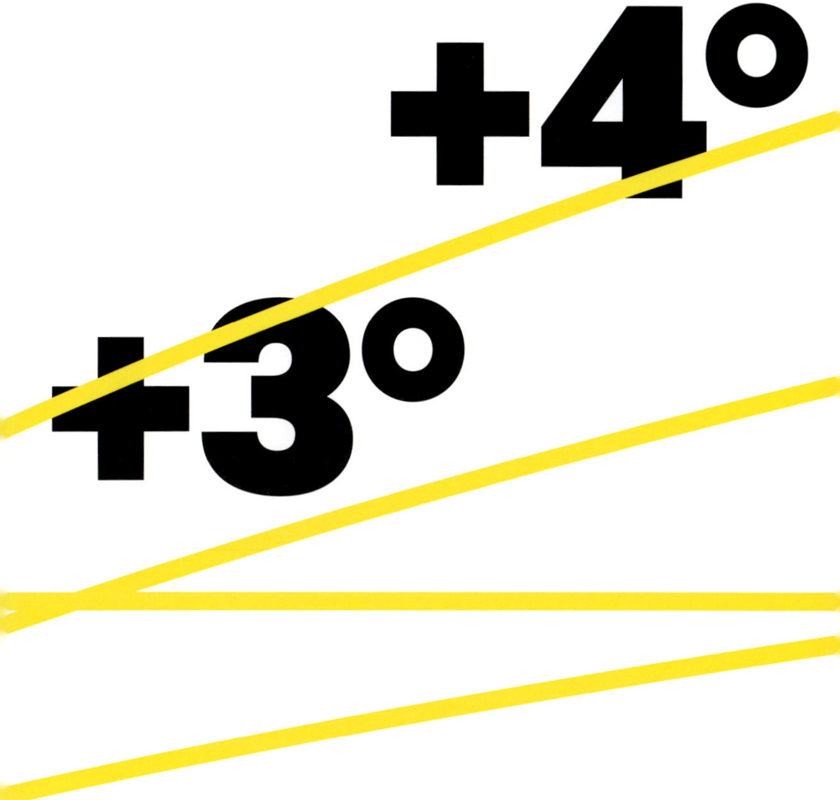


En matière de climat, tout retard pris n'est pas rattrapable et il hypothèque dangereusement la transition énergétique mondiale.

Selon l'évaluation de l'ONU, les engagements actuels des États conduiront à consommer en 15 ans près de 75 % du budget carbone global dont nous disposons pour ne pas aller au-delà des 2 °C.

# Cet écart entre le réel et le souhaitable est le point de départ de nouveaux et plus nombreux crimes climatiques dont les populations les plus vulnérables vont payer le plus lourd tribut.

Il est légitime de parler de crimes climatiques pour caractériser l'ensemble de ces politiques et décisions qui, en toute connaissance de cause, portent atteinte aux fragiles équilibres de notre écosystème : ce chiffre de 3 °C de réchauffement climatique ne permet pas que notre planète soit vivable. Des déséquilibres géopolitiques déstabiliseront nos sociétés, où des centaines de millions de personnes ne pourront pas se nourrir correctement, se déplacer pour subvenir à leurs besoins, sortir de la pauvreté, ou tout simplement survivre, et où des centaines de millions d'autres devront migrer pour fuir les catastrophes.

+3°

**Pour respecter l'objectif des 2 °C nous ne devons pas émettre plus de 565 000 000 000 tonnes cumulées de $CO_2$ dans l'atmosphère par la combustion de fossiles d'ici à 2050. Soit par an 16 140 000 000 tonnes, et par jour 45 000 000 tonnes.**

# +2°

**+2 °C équivaudrait donc à une émission d'environ 6 kg de $CO_2$ par jour et par personne.**

**Selon les données de l’ONU, les émissions pourraient progresser chaque année pour atteindre 55 gigatonnes d’équivalent $CO_2$ en 2025 et 56,2 gt en 2030. Soit 18 % et 37 % d’émissions en trop par rapport à ce qu’exige la trajectoire des 2 °C.**

Les États envisagent donc de consommer 53 % du budget carbone dont nous disposons d’ici à 2025 et 74 % d’ici à 2030.

# A peine 20 % de la population mondiale consomme...

80 % de la population ne consomme que...

# ...80 % de l’énergie produite sur la planète.

...20 % de l’énergie produite sur la planète.

**On peut donc constater, sans trop simplifier, que 80 % de la population de la Terre consomme une quantité d'énergie qui ne pose pas de problèmes majeurs à la planète et que c'est la consommation des 20 % les plus riches qui déstabilise l'évolution durable de l'ensemble de la Terre.**

Ceci n'empêche pas que l'attention portée à notre planète mérite d'être partage par tous.

L'objectif des 2 °C apparaît utopique en raison de l'inertie de la communauté internationale. À y regarder de plus près, les leviers d'actions sont pourtant nombreux. Ils ne dépendent que de nous.

# Environ les trois quart des émissions de $CO_2$ de la planète sont directement causés par l'utilisation de combustibles fossiles tels que le charbon, le pétrole et le gaz.

**Les gisements exploités actuellement ou en passe de l’être représentent cinq fois plus d’émissions potentielles que ce « budget carbone » dont nous disposons.**

Nous le savons, nous devons prendre la décision de laisser jusqu’à 80 % des réserves de charbon, de gaz et de pétrole dans le sous-sol et immédiatement geler tous les projets d’exploitation de nouveaux gisements. Comment ? En organisant et planifiant la transition et la reconversion des secteurs et salariés concernés.

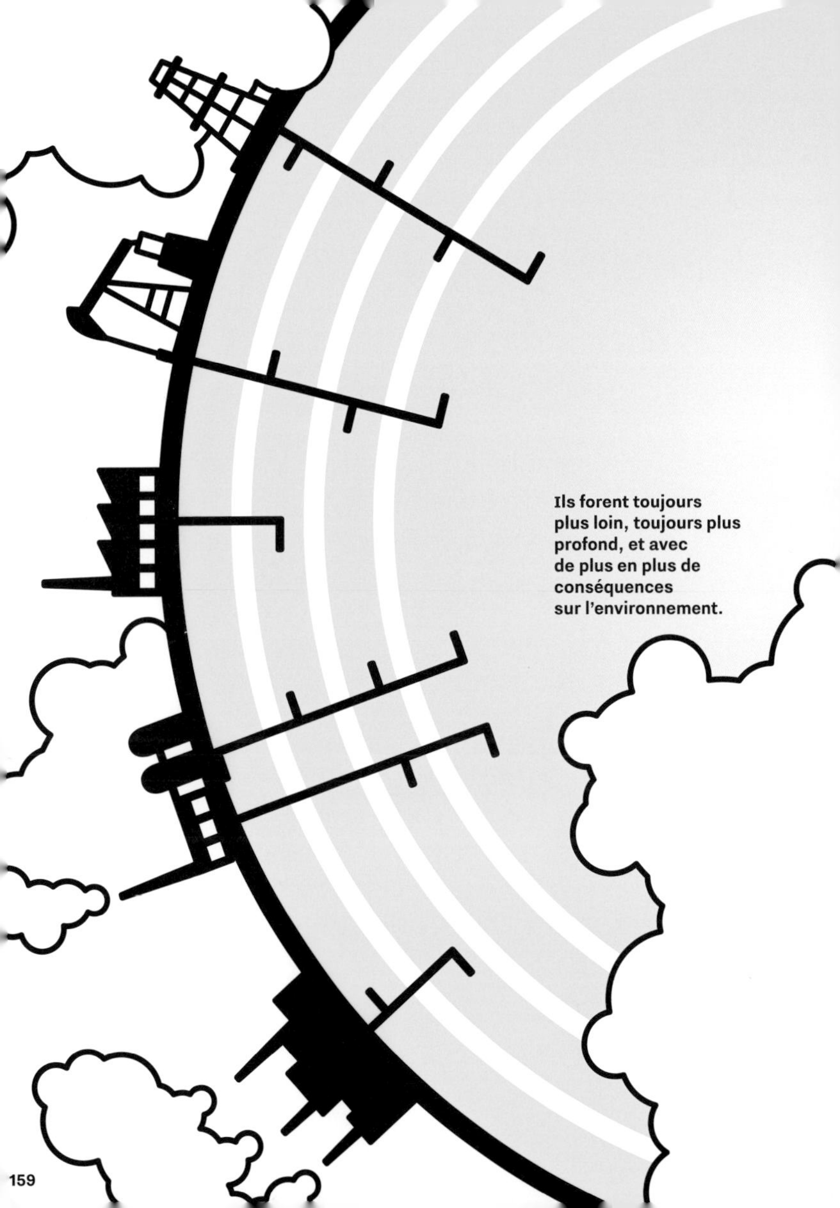

**Ils forent toujours plus loin, toujours plus profond, et avec de plus en plus de conséquences sur l'environnement.**

La seule issue aux bouleversements écologiques en cours – changement climatique et diminution de la biodiversité – est une diminution massive de l'empreinte écologique. Freiner le réchauffement climatique suppose une division par quatre au moins des émissions de $CO_2$ d'ici 2050.

## Il a été calculé en 2014 que la surface biologiquement productive nécessaire pour régénérer les ressources consommées est de 1,7 hectare par habitant.

Or, la moyenne mondiale d'utilisation de ces hectares globaux est de 50 % supérieure à la biocapacité de notre planète. L'empreinte écologique est d'ailleurs le reflet des inégalités dans le monde puisqu'elle est 10 fois plus forte aux États-Unis (9,4 hag/hab) que dans les pays pauvres (de 0,5 à 1,5 hag/hab).

Ces données indiquent clairement les voies à suivre : la transition écologique est inconcevable sans une réduction drastique des inégalités au sein des pays et entre les pays, sans un changement radical pour tous des modes, des contenus et des rythmes de production, et sans la promotion des valeurs de la sobriété. Égalité et sobriété sont les deux repères de la transition à mener !

**Mais est-il possible d'envisager que le secteur privé, tourné vers la réalisation de ses propres intérêts, et les marchés vont limiter de leur propre initiative leurs impacts écologiques ?**

Intérêts contradictoires

# Certains rêvent d'un « découplage » grâce à la « croissance verte », mais la poursuite infinie de la croissance globale signifierait en fait l'explosion des émissions de gaz à effet de serre.

Pourtant les élites, dans un déni de réalité, se refusent à abandonner l'illusion de la croissance, entretenant l'espoir d'une économie verte, fondée sur des technologies « propres » et l'extension des marchés censés assurer la gestion optimale des ressources, pour le plus grand profit des firmes multinationales capables de saisir ces nouveaux marchés.

Nous vendions du nucléaire. À présent nous produisons des éoliennes.
Les produits ont changé mais pas les stratégies de marketing, ni l'esprit, ni même les profits.

# La contribution du commerce de marchandises au dérèglement climatique est considérable : le fret serait responsable de 10 % de l'ensemble des émissions mondiales.

En prenant en compte les effets de la diversification des marchandises, du dégroupage de la production, du gonflement du volume des échanges, certains experts évaluent la contribution de la mondialisation des échanges à plus de 20 % des émissions totales.

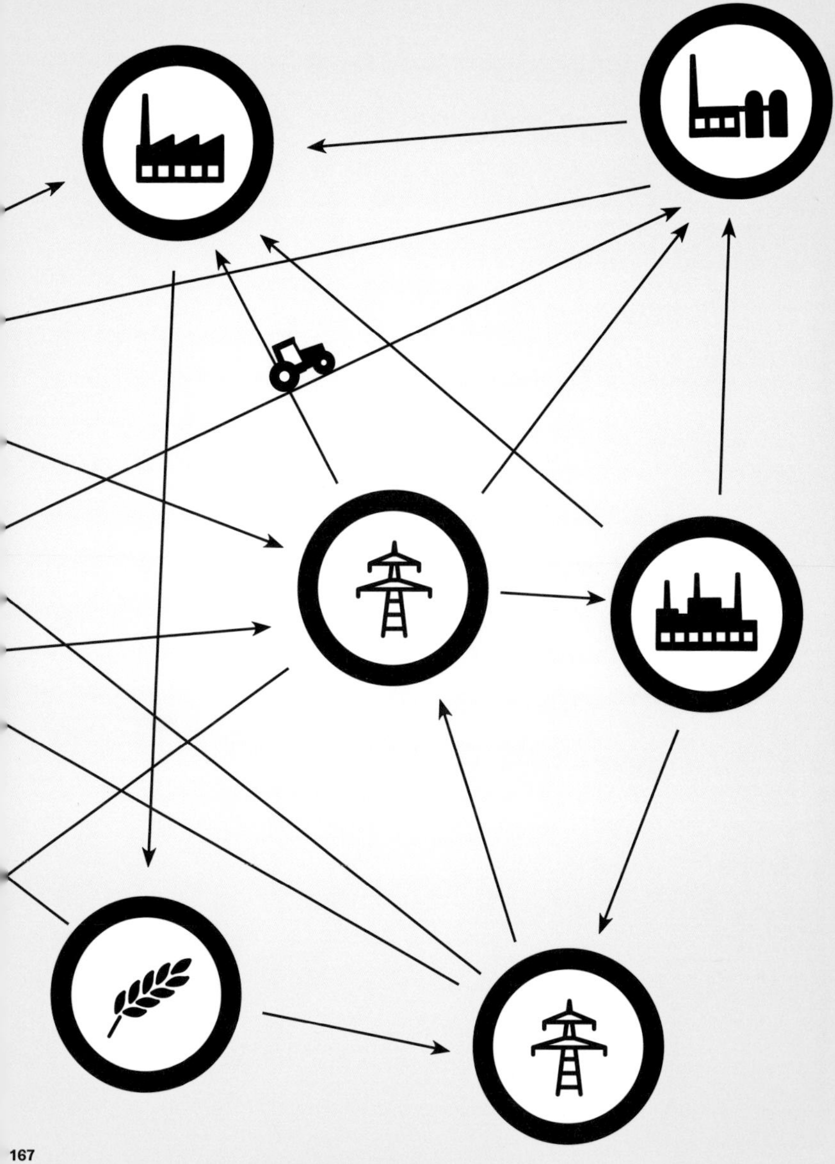

# L'aviation civile représente plus de 3 % des émissions mondiales de GES, soit l'équivalent d'un pays qui serait le 7e plus gros émetteur mondial.

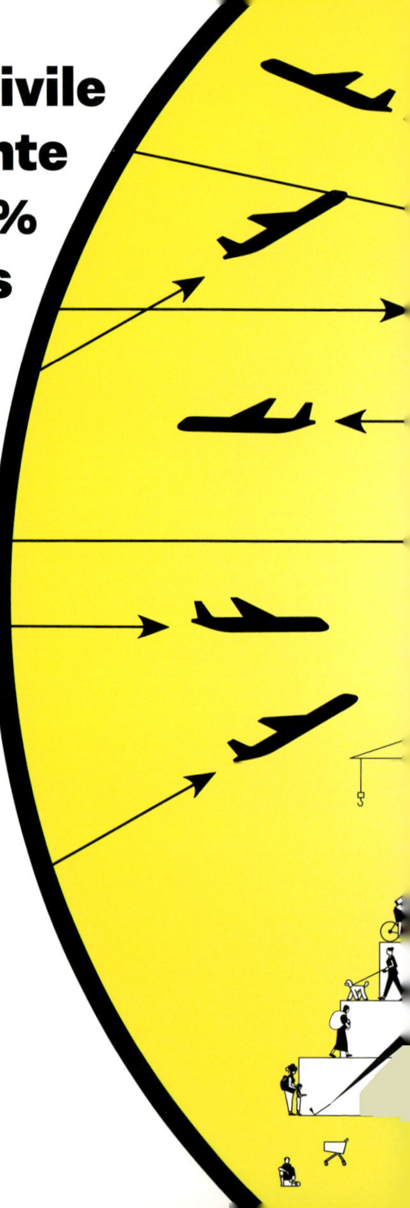

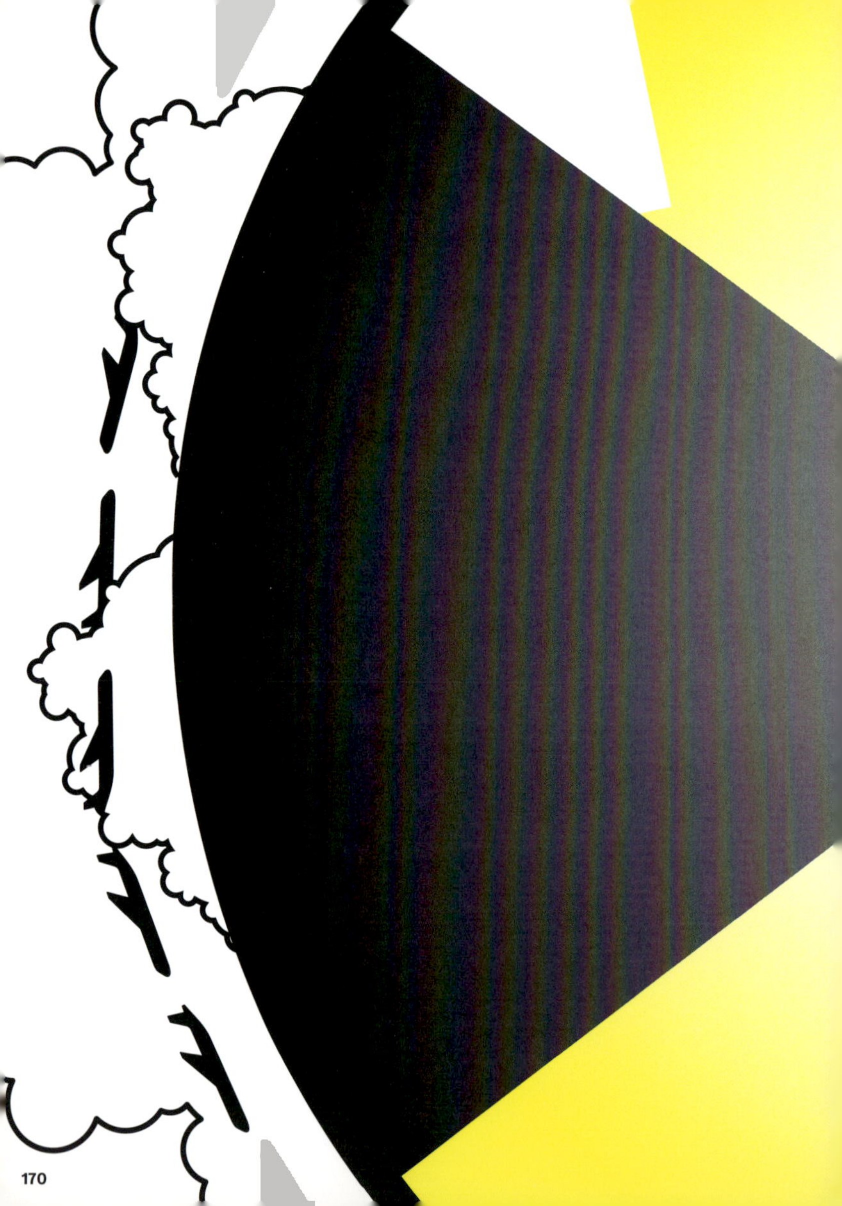

**« Si rien n'est fait, les émissions du secteur pourraient augmenter de 300 % à 700 % d'ici à 2050.**

Ces statistiques sont particulièrement disproportionnées et révoltantes quand on sait que moins de 10 % de la population mondiale prend l'avion.

**Ce seul secteur pourrait gaspiller plus du quart du budget carbone dont nous disposons d'ici à 2050 pour rester en deçà de 1,5 °C de réchauffement global. »**

Lors de la COP21, les lobbys de l'aviation ont obtenu d'être exemptés, renvoyant le sujet devant l'Organisation de l'Aviation Civile Internationale. Ce sont ainsi les ministres des transports, premiers relais des lobbys industriels, et non pas les ministres de l'environnement, qui se retrouvent en position de (mal) décider.

**L'amenuisement des ressources va s'accompagner d'une augmentation des conflits, et des budgets militaires et policiers.**

**Aussi les dépenses militaires des pays industrialisés ont augmenté de 50 % depuis 2001 pour s’élever à plus de 1700 milliards de dollars en 2011.**

**2001 = 850 000 000 000 $**

# Si seulement 25 % des budgets utilisés pour les guerres et la police étaient consacrés aux mesures d'atténuation et d'adaptation au changement

climatique, il y aurait dans la cagnotte 434 500 000 000 de dollars et le monde s'en porterait bien mieux.

Attac propose d'engager par des mesures concrètes immédiates la transition écologique nécessaire :

# Diminution drastique de la production des énergies fossiles, indispensable sortie du nucléaire et déploiement des énergies renouvelables. Laisser 80 % des réserves d'énergies fossiles dans le sol.

Interdiction définitive de toute exploitation des gaz et pétroles de schiste et des pétroles non conventionnels (ex. : sables bitumineux) dont l'extraction provoque des pollutions irrémédiables.

Favorisation du développement décentralisé des sources d'énergies renouvelables : soutien des projets de production locale et à taille humaine d'énergies renouvelables adaptées à leurs territoires (éolien, solaire, biomasse, méthanisation, marémotrice, géothermie...). Ces projets, souvent portés par des associations citoyennes, doivent s'articuler avec un service public amélioré et le maintien d'un tarif réglementé de l'électricité et du gaz.

Amélioration de l'efficacité énergétique et lutte contre le gaspillage.

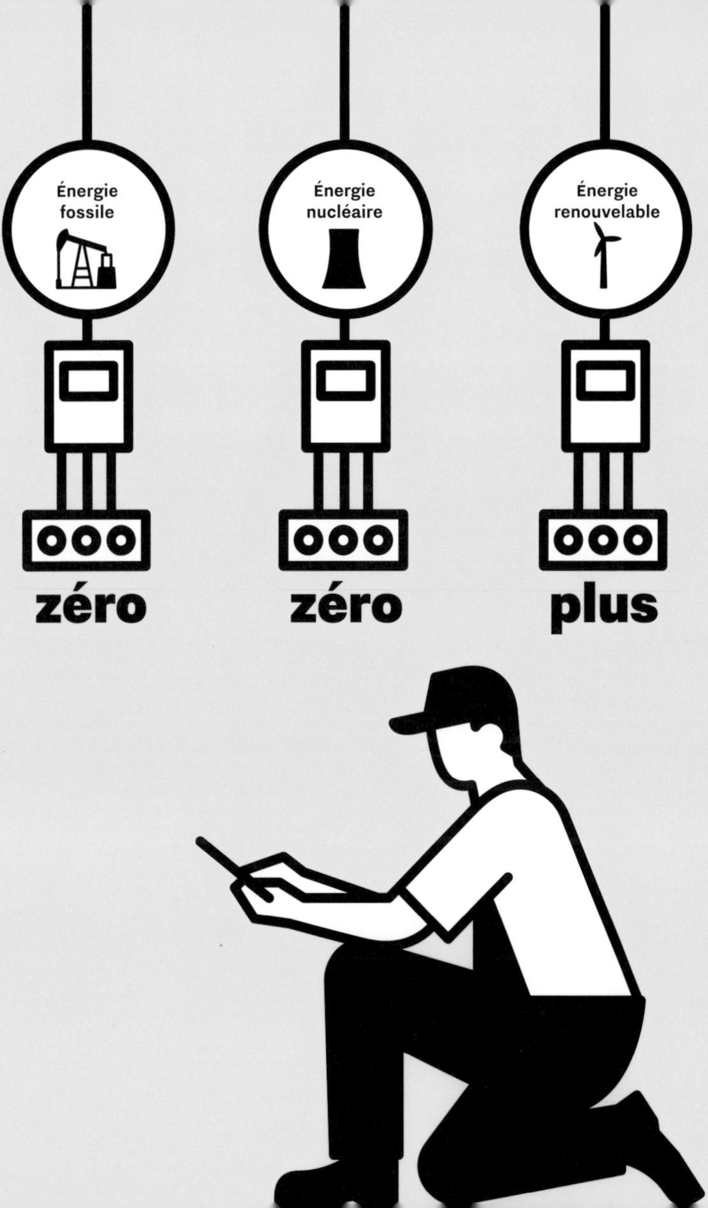
Énergie fossile
Énergie nucléaire
Énergie renouvelable
zéro
zéro
plus

# On considère aujourd'hui que sur les cent entreprises les plus puissantes de la planète, plus de 50 % sont des multinationales.

Le relatif blocage de l'OMC a encouragé les États, poussés par les multinationales et les lobbys économiques, à poursuivre leurs objectifs de façon différente : négociations secrètes en petits comités, multiplication de négociations bilatérales et régionales avec certains de leurs partenaires, etc. Le plus souvent à l'abri du regard du public, des associations et des syndicats. L'objectif clairement affiché est de poursuivre le programme de l'OMC même sans l'OMC, vers un système commercial et d'investissements conçu avec et pour les firmes multinationales.

On assiste donc depuis quelques années à une profusion de nouveaux accords bilatéraux. Aujourd'hui, l'ensemble des pays sont concernés, qu'ils soient considérés comme « développés », « émergents », « en voie de développement » ou « moins développés ». Les grandes puissances commerciales mondiales s'en donnent à cœur joie. Il n'y a plus guère de mois où l'on n'apprenne l'ouverture de nouvelles négociations ou la conclusion d'un nouvel accord.

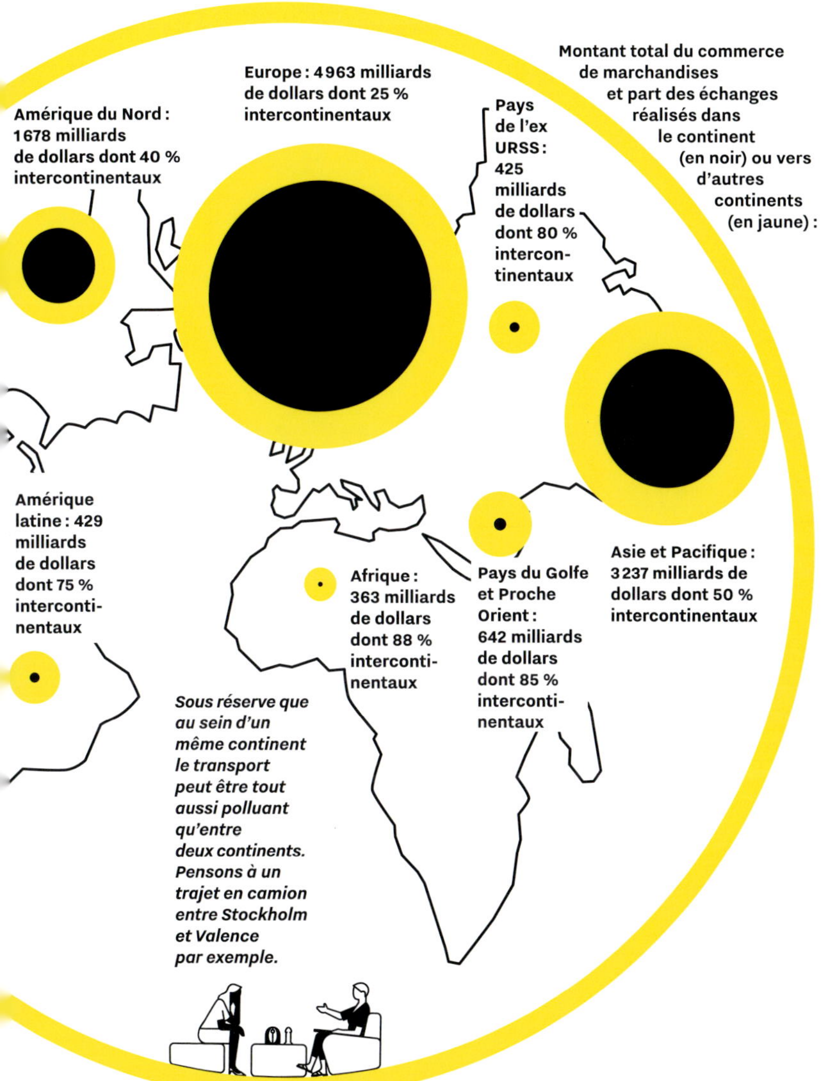

Montant total du commerce de marchandises et part des échanges réalisés dans le continent (en noir) ou vers d'autres continents (en jaune) :
Amérique du Nord : 1678 milliards de dollars dont 40 % intercontinentaux
Europe : 4963 milliards de dollars dont 25 % intercontinentaux
Pays de l'ex URSS : 425 milliards de dollars dont 80 % intercontinentaux
Amérique latine : 429 milliards de dollars dont 75 % intercontinentaux
Afrique : 363 milliards de dollars dont 88 % intercontinentaux
Pays du Golfe et Proche Orient : 642 milliards de dollars dont 85 % intercontinentaux
Asie et Pacifique : 3237 milliards de dollars dont 50 % intercontinentaux
*Sous réserve que au sein d'un même continent le transport peut être tout aussi polluant qu'entre deux continents. Pensons à un trajet en camion entre Stockholm et Valence par exemple.*

# La division internationale du travail accentue la concentration des échanges entre quelques grandes multinationales.

Ainsi, les deux tiers du commerce international correspondent à des échanges de biens intermédiaires, et non de produits finis.

# Près de 30 % du commerce mondial s'effectue au sein même des multinationales, entre leurs filiales.

Elles sont devenues les acteurs majeurs du commerce international et de la maîtrise des chaînes de valeur mondiales (global value chains) : selon les données de la Cnuced, 82 000 entreprises multinationales contrôleraient 810 000 filiales.

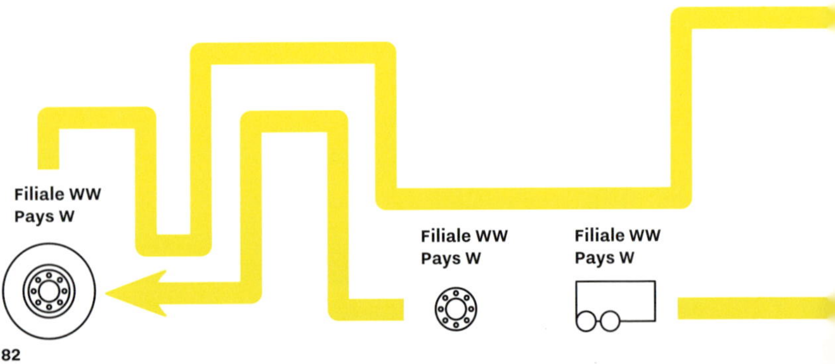

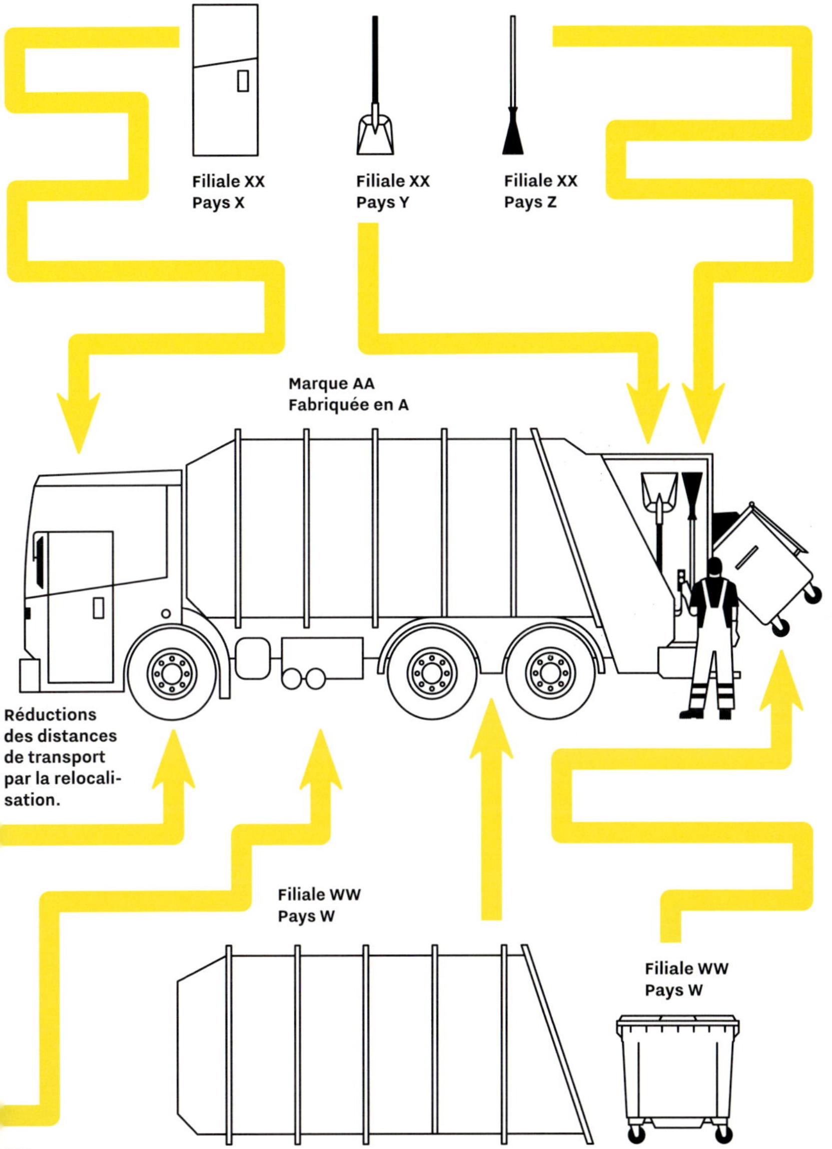
Filiale XX
Pays X
Filiale XX
Pays Y
Filiale XX
Pays Z
Marque AA
Fabriquée en A
Réductions
des distances
de transport
par la relocali-
sation.
Filiale WW
Pays W
Filiale WW
Pays W

# Relocalisation des productions afin d'éviter les transports inutiles de composants de produits agricoles ou manufacturés d'un bout à l'autre de la planète.

• Organiser et planifier la reconversion des secteurs industriels en assurant l'emploi et la justice sociale pour les salariés.

• Créer un plan massif de financement de l'isolation thermique des logements existants (sans aggraver l'endettement des habitants).

• Mettre en place un tarif progressif de l'eau, de l'électricité et du gaz avec la gratuité de la consommation de base et un prix augmentant fortement pour les sur-consommations : ce serait un puissant outil de réduction des inégalités et de lutte contre le gaspillage.

• Changer nos modes de production et de consommation en faveur d'une alimentation responsable écologiquement et socialement, privilégier les filières courtes ; pour les produits non disponibles localement, privilégier les productions issues du commerce équitable qui garantissent un revenu décent aux petits producteurs engagés dans des productions durables.

• Privilégier le transport ferroviaire aux camions, voitures et avions.

• Développer les transports publics (gratuits !).

• Stopper les grands projets inutiles et polluants.

Trop cher
Encore plus cher
Cher
Plus cher
Pas cher
Gratuit

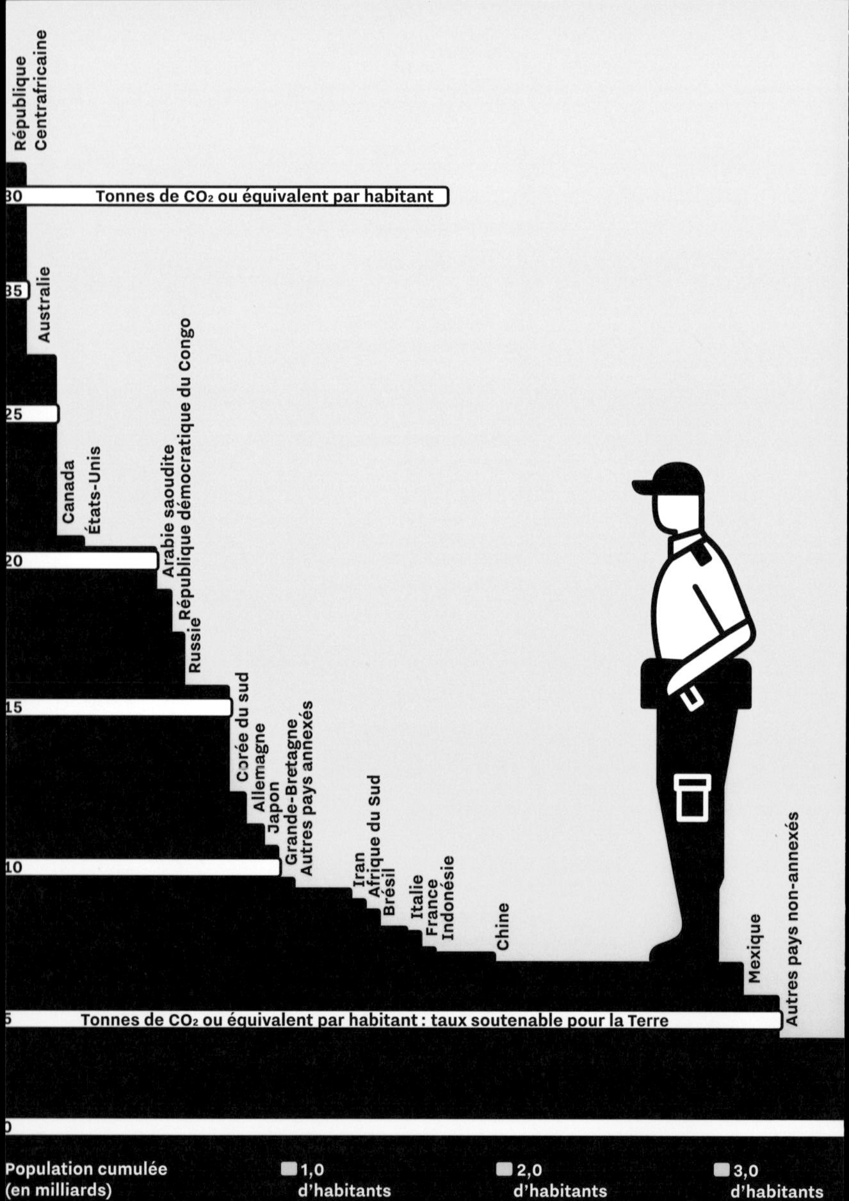

République Centrafricaine
30 Tonnes de $CO_2$ ou équivalent par habitant
35
Australie
25
Canada
États-Unis
Arabie saoudite
République démocratique du Congo
20
Russie
15
Corée du sud
Allemagne
Japon
Grande-Bretagne
Autres pays annexés
10
Iran
Afrique du Sud
Brésil
Italie
France
Indonésie
Chine
Mexique
Autres pays non-annexés
5 Tonnes de $CO_2$ ou équivalent par habitant : taux soutenable pour la Terre
0
Population cumulée (en milliards)
1,0 d'habitants
2,0 d'habitants
3,0 d'habitants

## Mise en place d'une juridiction internationale pouvant sanctionner les crimes écologiques tels que la non mise en œuvre de politiques climatiques ambitieuses, avec des obligations plus sévères pour les pays et les industriels des pays riches selon le principe de la « responsabilité commune mais différenciée ».

Des financements adéquats doivent être dégagés, par le biais de taxes globales sur les transactions financières et sur les bénéfices des transnationales, afin de financer la lutte contre le réchauffement et l'adaptation des pays les plus pauvres.

La transition écologique n'a de véritable sens qu'au plan mondial.

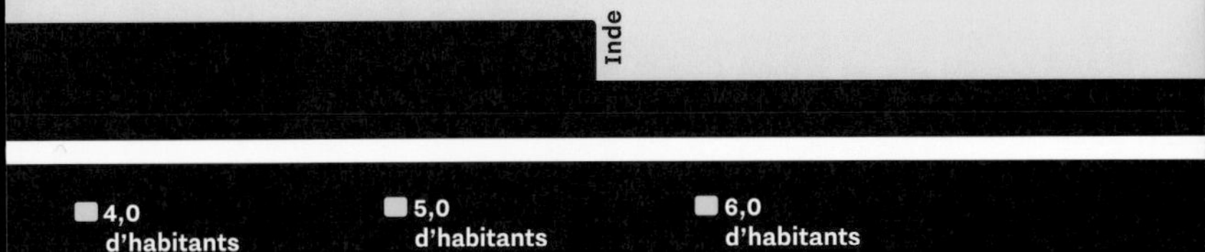

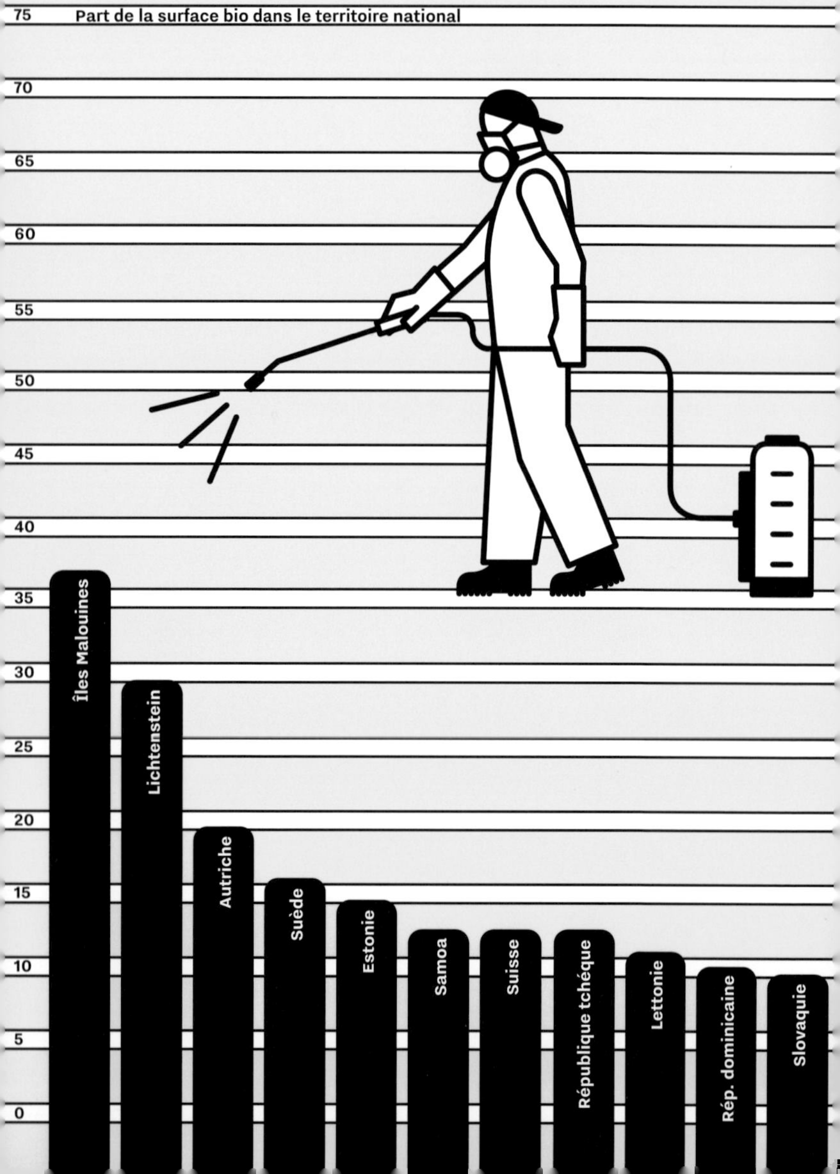

Part de la surface bio dans le territoire national
75
70
65
60
55
50
45
40
35
30
25
20
15
10
5
0
Îles Malouines
Lichtenstein
Autriche
Suède
Estonie
Samoa
Suisse
République tchéque
Lettonie
Rép. dominicaine
Slovaquie

Ces premières mesures devront être suivies d'approches permettant de faire évoluer en profondeur l'esprit de nos sociétés :

• Le service public de l'énergie doit être décentralisé et socialisé, c'est-à-dire placé sous le contrôle des salariés, des usagers et des collectivités territoriales. De nombreuses expériences de régies municipales d'électricité, de coopératives d'énergies renouvelables, de parcs éoliens municipaux ou citoyens, de financement solidaire, dessinent les contours d'une réappropriation sociale de l'énergie et de sa construction comme bien «commun».

# Concernant l'agriculture il faut produire, distribuer et consommer bio, paysan et local.

• Pour des raisons écologiques, de santé publique, de maintien et de création d'un travail qualifié dans l'agriculture, de revitalisation des sols et des territoires.

• Une réforme de la politique agricole commune doit permettre aux paysans d'être rémunérés pour leur travail et supprimer les subventions massives aux lobbys agro-industriels.

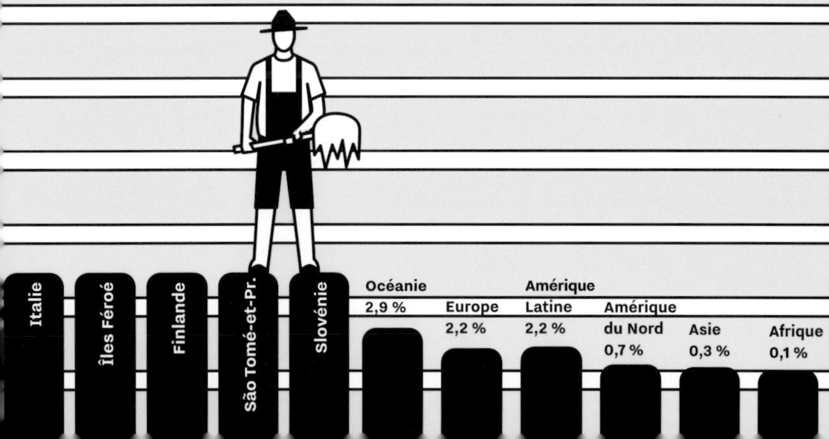

# Préserver et développer les biens communs :

# L'accès durable de tous aux services fournis par les ressources naturelles (l'eau, les terres fertiles, l'énergie…) est un droit fondamental, leur préservation est une obligation.

**La nature ne peut être un objet d'exploitation et de pillage au profit de quelques-uns : nous n'avons pas d'autre planète.
Les principes de gestion des biens « communs » doivent inspirer les politiques publiques et l'action des citoyens en se fondant sur une élaboration démocratique des règles d'usage – ou de non usage – et d'entretien. Les biens communs définissent une communauté d'usagers dont la nature et la taille sont l'objet de délibérations démocratiques. Ces règles inspirent aussi la construction des biens communs de la connaissance (logiciels libres, wikipedia…).**

**• D'autres biens communs sont à inventer et réinventer, à l'abri de la marchandisation. L'accès pour toutes et tous à la culture, aux soins et à un logement n'a de sens que si la culture existe, si la médecine soigne, si le logement abrite. Autant d'exigences qui nécessitent une créativité sociale et l'élaboration de modes démocratiques de gestion et d'appropriation collectives.**

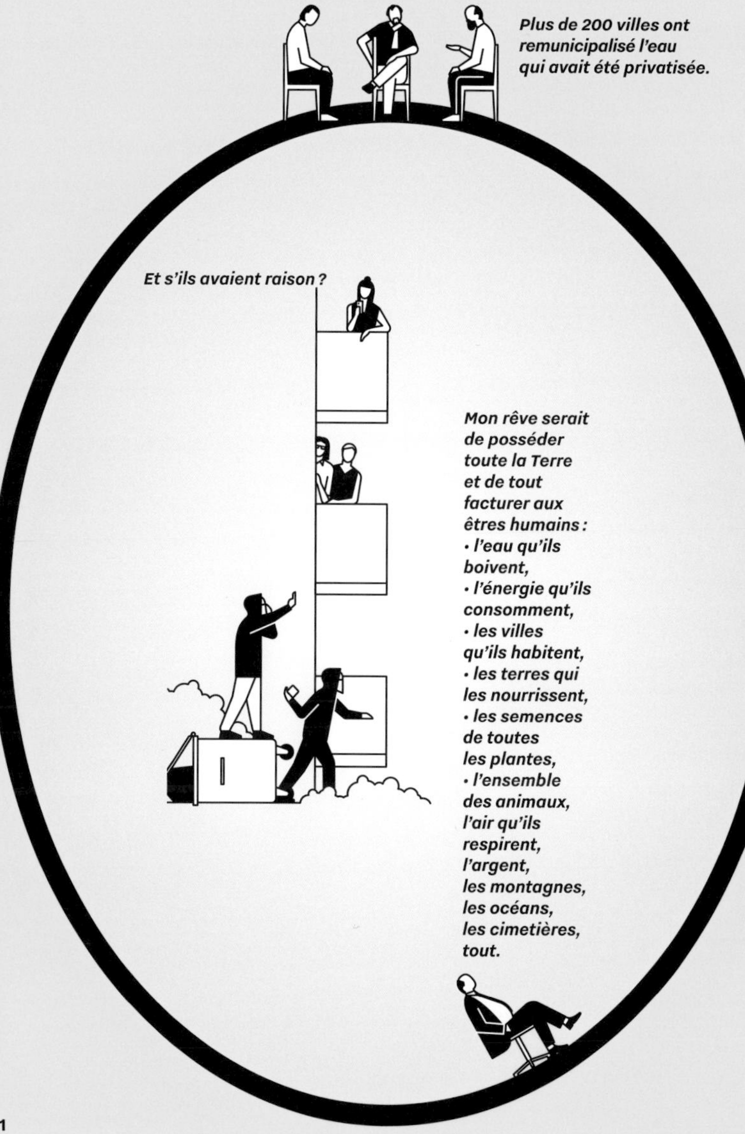

Plus de 200 villes ont remunicipalisé l'eau qui avait été privatisée.
Et s'ils avaient raison ?
Mon rêve serait de posséder toute la Terre et de tout facturer aux êtres humains :
• l'eau qu'ils boivent,
• l'énergie qu'ils consomment,
• les villes qu'ils habitent,
• les terres qui les nourrissent,
• les semences de toutes les plantes,
• l'ensemble des animaux,
l'air qu'ils respirent,
l'argent,
les montagnes,
les océans,
les cimetières,
tout.

# Défaire l'imaginaire consumériste. Nous voulons une société qui privilégie les communs, les usages raisonnés et partagés plutôt que la course aux gadgets individuels et au « toujours plus ».

**Véhiculés par les mass médias, le culte de l'argent-roi et du star-system ainsi que la pression du « confort » hypnotisent une grande partie de la population, accro à la promesse du bonheur par la possession. Avec leurs jets et leurs hélicoptères privés, leurs yachts, leur golfs, leurs piscines géantes, leurs palais somptueux, les milliardaires polluent à la fois la nature et les imaginaires de leurs concitoyens.**

Tous leurs produits ridicules ne m’intéressent plus. Je préfère vivre plus simplement en accord avec ma conscience.
Et nous avons tant à faire pour nous libérer et penser cet autre monde où nous retrouverions de vraies responsabilités civiques.
Un monde où ils ne nous bassineraient pas avec leur marketing, leur communication, leur publicité, leurs marques et autres stratégies si affligeantes.

Vous savez ma pauvre ! Nous avons dû agrandir encore notre bâtisse figurez-vous que ma garde-robe ne rentrait plus dans nos murs. Si vous saviez les travaux ! C’était horrible !

**La liberté est une valeur aujourd'hui évoquée par tous… mais elle bénéficie d'abord à ceux dont la richesse et le pouvoir exorbitants sont une agression permanente contre les libertés des autres.**

# C'est tout le problème du libéralisme économique : au nom de la liberté (économique) s'organise l'accaparement des ressources par une oligarchie.

La liberté ne s'oppose pas à la contrainte : vivre avec les autres et avec la nature, faire un monde commun, suppose l'acceptation des règles et obligations du vivre ensemble et des limites propres à notre seul habitat, la Terre.

# Le terme « libre-échange » s'est imposé pour désigner le droit des marchands à commercer sans aucune restriction ni taxe entre pays.

Il est souvent utilisé dans un sens étendu, recouvrant, outre la libre circulation des biens et des services, celle des capitaux et des investissements. Dans le même temps, la mobilité des personnes, valeur cardinale de la liberté, est réduite à des flots touristiques low cost, à des voyages d'affaires, tandis que les migrations pour la survie sont contingentées ou interdites.

Le libre-échange est un des piliers de la mondialisation néolibérale. La liberté qu'il évoque est, en fait, celle du capital international, tendant à lever toute barrière à son activité : la planète comme terrain de chasse. L'idéologie du libre-échange vise à interdire toute régulation démocratique du commerce et de l'investissement et à fermer toute voie alternative, dénoncée comme non démocratique, « autarcique » ou « totalitaire » par les soldats du libéralisme.

Pourquoi n'aurions-nous pas le droit de vendre des pesticides qui tuent les abeilles et autres insectes ? Où est la liberté ?

Pourquoi n'aurions-nous pas le droit de privatiser l'eau de la terre puisque nous avons privatisé l'énergie ?

Pourquoi n'aurions-nous pas le droit de racheter toutes les terres d'Afrique ?

Pourquoi ne pourrions-nous pas spéculer sur les biens de cet État ? Vraiment où est la liberté ?

Pourquoi devrions-nous payer des impôts si nous pouvons faire autrement ?

Nos alliés politiques préparent de nouveaux accords intercontinentaux qui nous permettront de mieux agir.

Grâce à nos lobbyistes nous sommes même parvenus à imposer des lois qui nous permettront d'attaquer les États en justice. Cette fois la liberté s'est imposée.

De toute façon même les socialistes se disent pro-marché, et avec nos médias, qui oserait encore protester contre le « libre-échange » ?

Outre le fait que les États achètent nos armes la peur générée par le terrorisme nous arrange bien.

Il suffit de faire croire que c'est la faute aux migrants, et le peuple ne s'occupe plus de nous. Soutenons les partis racistes.

# Les politiques libérales liées aux échanges et aux capitaux transfèrent progressivement le pouvoir des États aux marchés.

Les forces « anonymes » des marchés mondiaux sont désormais plus puissantes que les États. La globalisation de la production et l'interconnexion des marchés financiers ont mis les États et leurs politiques publiques à la merci des décisions et des sanctions des acteurs économiques et des marchés internationaux.

L'économie mondiale est devenue un champ de bataille où la conquête des marchés prévaut, tant pour les entreprises que pour les États. Sous l'emprise de l'autonomie laissée aux marchés internationaux, le pouvoir déclinant des États se confronte au pouvoir grandissant des multinationales qui deviennent des acteurs majeurs des relations internationales.

En négociant les accords de libéralisation du commerce et de l'investissement, les États se font les VRP de leurs multinationales : ils ouvrent leurs marchés et négocient la protection des investisseurs, non pas parce que cela favorise la coopération entre les peuples mais parce qu'ils pensent, du moins l'affirment-ils, que les gains de leurs multinationales apporteront la prospérité et la croissance. Les États se font concurrence pour que leurs entreprises obtiennent des marchés et sont prêts à presque tout pour proposer un « environnement attractif » aux multinationales et aux investisseurs étrangers. Les pays font la course aux investissements directs étrangers.

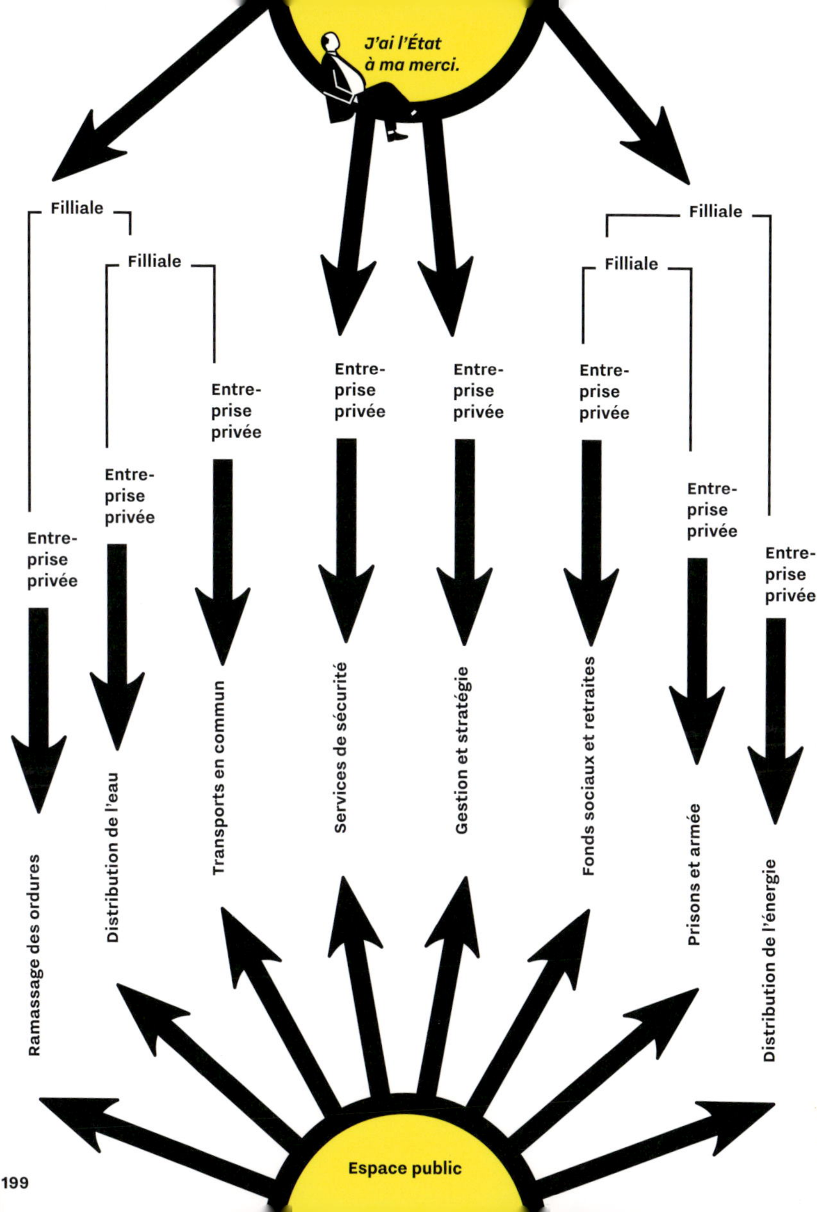

J'ai l'État
à ma merci.
Filliale
Filliale
Filliale
Filliale
Entre-
prise
privée
Entre-
prise
privée
Entre-
prise
privée
Entre-
prise
privée
Entre-
prise
privée
Entre-
prise
privée
Entre-
prise
privée
Entre-
prise
privée
Ramassage des ordures
Distribution de l'eau
Transports en commun
Services de sécurité
Gestion et stratégie
Fonds sociaux et retraites
Prisons et armée
Distribution de l'énergie
Espace public

Abrogation des accords commerciaux bilatéraux inégalitaires entre pays du Nord et du Sud et mise en place d'accords permettant aux pays concernés de reconstruire leur agriculture et leur souveraineté alimentaire, de retrouver la maîtrise de leurs ressources naturelles et de prendre des mesures de sauvegarde de leur tissu productif.

# Les accords commerciaux doivent être fondés sur l'idée de coopération et non pas de concurrence.

La protection des économies, des sociétés et de la nature doit être reconnue comme un droit légitime des peuples.
Les États doivent retrouver la capacité de mener des politiques qui assurent la justice, la solidarité et la préservation des écosystèmes.
Les échanges internationaux doivent être régulés et réglementés en fonction d'une priorité à la re-localisation des économies et non pas servir en premier lieu les intérêts des multinationales.

Ce principe est incompatible avec le fonctionnement actuel de l'OMC et d'autres organisations internationales comme le FMI.

Garantir la
souveraineté alimentaire.
Retrouver la maîtrise
des ressources naturelles.

# Pour stopper l’essor insoutenable des transports, il faut instaurer une taxe sur le transport des marchandises proportionnelle aux distances parcourues.

**Cette taxe kilométrique vise à augmenter les coûts de transport, indépendamment des frontières, de façon à réduire les émissions de $CO_2$ et à favoriser les re-localisations d’activités.**

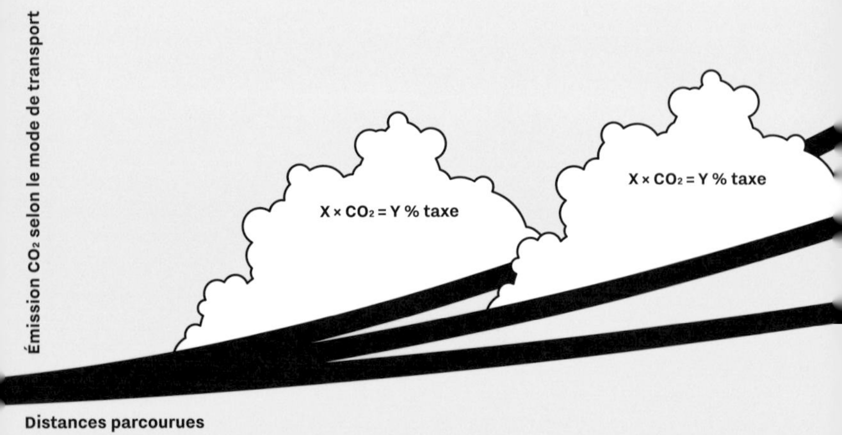

$2X \times CO_2 = Z$ % taxe
$2X \times CO_2 = Z$ % taxe
$X \times CO_2 = Y$ % taxe

# Les échanges Nord-Sud doivent être organisés sur de nouvelles bases :

- Il est urgent de mettre en place un système de stabilisation des prix des matières premières pour lutter contre les fluctuations aberrantes des termes de l'échange qui déstabilisent nombre de pays du Sud.

- De même, une réforme du système monétaire international conduisant à une plus grande stabilité et équité des taux de change est urgente. Un fonds de stabilisation monétaire doit organiser cette régulation. Les pays excédentaires et déficitaires devront ajuster de concert leurs taux de change pour éviter les déséquilibres commerciaux excessifs, dont l'histoire a montré qu'ils débouchaient en général sur le chaos.

Il va falloir vendre !
L'enrichissement des uns
L'appauvrissement des nombreux autres

# Il faut en finir avec l'invasion du management, du marketing et de la soi-disant communication dans tous les secteurs de la société :

• Les objectifs quantitatifs omniprésents, l'individualisation des rapports au travail, la perte du sens du travail ne sont plus vivables, que ce soit dans les entreprises, dans les fermes, les administrations, les écoles ou les hôpitaux. Nous ne voulons plus être empêchés de faire notre travail correctement, voire obligés de faire un sale boulot, de tromper le client, de l'empoisonner, de frustrer l'usager et le citoyen de ses droits ou de saccager la nature.

• Le modèle de la concurrence pousse toujours plus d'individus vers les marges : sans emploi, sans domicile, sans papiers, sans couverture sociale, sans terre… Les ouvriers, les employés et les paysans sont précarisés, mis au rebut, ils doivent se résigner à la pauvreté ou fuir leur lieu de vie et de travail.

• Leur désespoir est compréhensible, mais la classe politique privilégie la gesticulation sécuritaire pour feindre de répondre à leur légitime demande de sécurité économique et sociale.

La marque
Votre terre libérale.
Belle ville
L'école idéale !
L'avenir parfait !
Sécurité publique la meilleure !
L'efficacité feu !
Poubelles sympa !
La culture sensation.
Votre police Votre armée.
La retraite heureuse.
Notre devise l'innovation.

Vente des infrastructures.

# Le rôle des États n'est ni de soutenir la compétition libérale ni celle entre les pays mais de veiller à la juste

# contribution de chaque territoire au bien-être des habitants de la Terre :

• Si cet esprit de rivalité persiste à dominer nous irons vers de nouveaux conflits, haines, racismes et actes colonialistes et religieux d'un autre temps qui, au-delà de leurs aspects répugnants, nous mènent à de nouvelles catastrophes humanitaires et écologiques qui nous affecteront tous.

# Les raisons pour quitter son pays, ses amis, sa famille peuvent relever des conséquences des changements climatiques, des catastrophes naturelles mais bien sûr aussi des guerres, des dictatures, des intégrismes religieux et des situations économiques insupportables, bref de l'oppression et de la pauvreté.

**Le chiffre des personnes quittant leur pays pour l'une de ces raisons ne cesse de croitre. Le nombre de migrants internationaux – c'est-à-dire de personnes vivant dans un pays autre celui où elles sont nées – a atteint 244 millions en 2015, soit 10 fois la ville de New York et 3 % de la population mondiale et une augmentation de 41 % par rapport à 2000. Parmi eux 20 millions de réfugiés.**

244
000
000
=

**Mais n’est-ce pas ce concept de migration et son inverse, l’enfermement dans un pays, qui sont aujourd’hui à reconsidérer ? Si les produits commerciaux et les informations peuvent circuler librement, même sans taxes, n’est-il pas normal également d’autoriser chacun(e) à pouvoir vivre et travailler en toute liberté dans le lieu de son choix.**

*Depuis la chute du mur de Berlin le nombre de murs qui empêchent la libre circulation n'a cessé de croître, leur longueur d'augmenter.*

**La circulation des personnes est « de facto » limitée aux privilégiés, celle des produits au contraire est de plus en plus facilitée par les accords commerciaux.**

# Il n'y a jamais eu autant d'accords de libéralisation des échanges en vigueur ou en cours de négociation.

**En moins de trente ans, le nombre d'accords commerciaux bilatéraux a été multiplié par huit et il atteint aujourd'hui le chiffre de quatre cents, tous notifiés auprès de l'OMC. Qui en profite ?**

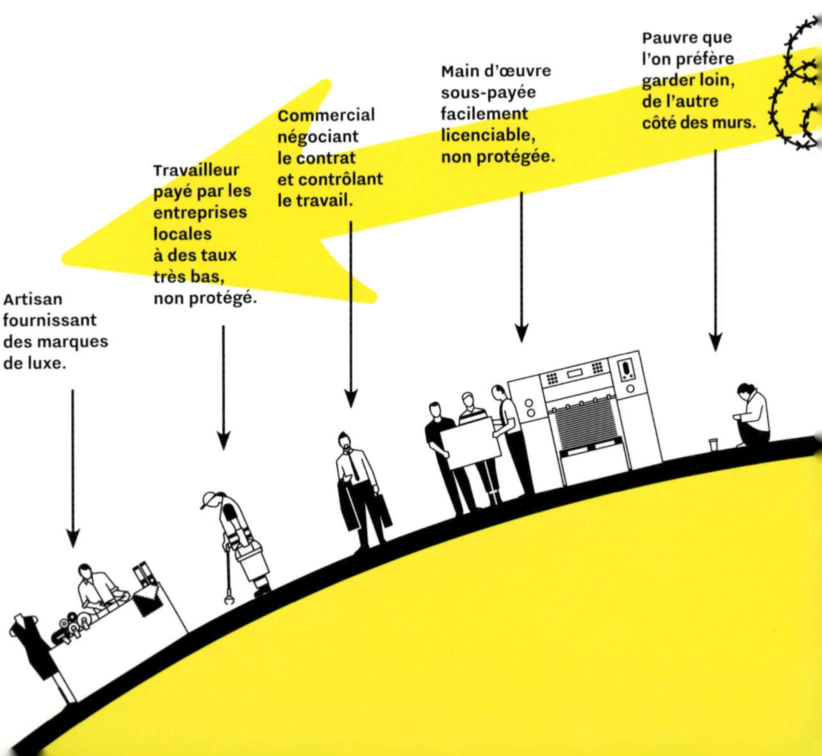

Agent de sécurité payé avec l'argent des impôts.
Créateur concevant le produit qui sera fabriqué dans un pays à main d'œuvre bon marché et payant ses impôts.
Cadres supérieurs bien payés organisant la production délocalisée au-moins disant à travers le monde et payant leurs impôts.
Actionnaire encaissant les dividendes de la société sans payer d'impôts parce que son adresse fiscale se trouve dans un paradis fiscal.
Ouvrier soumis aux salaires des pays riches, licencié parce que trop cher, donc au chômage et payé en grande partie avec l'argent des impôts.

# Une augmentation de 3 % du nombre de travailleurs issus de pays en voie de développement dans les pays à revenu élevé se traduirait en 2025 par des gains de 356 milliards de dollars pour l'économie mondiale, soit une progression de 0,6 % du revenu mondial.

Selon une note de l'OCDE du 20 mai 2014 consacrée aux bienfaits de l'immigration sur les économies des pays de l'OCDE et fondée sur des données de la Banque Mondiale, les migrants contribuent plus aux impôts et aux charges sociales qu'ils n'en reçoivent de bénéfices.

# Les personnes ayant dû quitter leur pays enverront cette année 601 milliards de dollars à leurs familles restées dans leur pays d'origine.

Si l'on divise cette somme par 240 millions d'immigrés, la somme de 2 500 dollars par personne et par an, ou 208 dollars par mois, reste très modeste. Tous n'envoient pas d'argent, car leurs moyens d'existence dans les pays riches ne leur permettent pas toujours d'en mettre de côté.

208 $
ce mois-ci
Attention !
Les racistes vont
encore réagir !

**Quel est donc ce monde
où certains doivent
fuir leur pays au risque de leur
vie pour pouvoir espérer
pouvoir subvenir ailleurs
à leurs besoins, où il se verront
(dé)considérer comme
des « migrants » ?
Quelle est cette Terre
où certains peuvent prétendre
avoir le droit d'en chasser
d'autres parce
qu'ils ne seraient « pas d'ici »,
où les comportements
coloniaux et racistes renaissent ?**

*Vraiment, cher Bill,
je trouve cette
situation
insupportable !
Le personnel
ne mérite pas
ce traitement
conciliant.
Ce sont des gens
qui peuvent se
considérer heureux
de pouvoir
être ici parmi nous,
et d'ailleurs
ils sont illégaux.*

# Restaurer davantage d'égalité et de sécurité sur le marché du travail est devenu indispensable.

- La précarité ne favorise en rien l'embauche mais seulement les profits : il est urgent d'interdire les licenciements économiques et les délocalisations dans les entreprises qui font des profits.
- Il faut revaloriser le salaire minimum, l'imposer aux pays qui n'en ont pas encore.
- L'objectif est de réduire les inégalités au sein même des pays, mais aussi entre les pays.
- Si la course à la compétitivité et la concurrence tue l'emploi, la reconversion écologique et sociale est créatrice d'emplois. Prendre soin des humains et de la nature, investir dans les projets d'énergies renouvelables, d'agroécologie paysanne, de transport doux, reconvertir les industries polluantes, favoriser les technologies innovantes du low tech, sont autant d'occasions de renouveler le sens du travail et de permettre la création de nombreux emplois dont nous avons un besoin urgent pour faire face aux défis auxquels nous sommes confrontés.
- La reconversion écologique ne peut se faire sur le dos des salarié(e)s : ce n'est qu'en garantissant à chacun(e) un emploi et un revenu qu'on pourra accompagner le déclin des industries polluantes ou dangereuses et l'essor de nouveaux modes de production industrielle dans des entreprises à taille humaine et à technologies maîtrisables par les salarié(e)s.

*Comment gagner sa vie tout en réalisant son rêve, ceci malgré son handicap ?*

*Mon rêve c'est de pouvoir me consacrer à la terre sereinement.*

*Le libéralisme crée en fait de l'insécurité.*

*La sécurité ce n'est pas les militaires armés mais la maîtrise de son avenir.*

Nous avons développé une coopérative agroécologique.
Il nous faut réinventer l'artisanat et le travail de qualité.
J'ai pour rôle de produire de la nourriture saine pour les citadins, pour cela je cultive bio.
Pouvoir être attentionné.
Pouvoir s'appliquer et prendre le temps de faire les choses bien.
Prendre le temps d'apprendre un savoir faire.
La qualité de la vie ne s'arrête pas à la retraite.
Inventer une autre économie.
Apporter des soins à chacun.
Utiliser notre technologie pour l'avenir de notre planète et des humains qui l'habitent.
Proposer, travailler en commun, se partager les responsabilités.
Partager le savoir, le rendre public.
Nourrir dignement la population mondiale.

# Nos systèmes politiques dits démocratiques ne parviennent plus à maintenir les apparences. Ils détruisent les conditions d'un « vivre ensemble » acceptable pour toutes et tous.

• Non, la démocratie ne consiste pas à glisser périodiquement un bulletin dans l'urne pour élire un sauveur ou maintenir l'alternance entre les mêmes. Non, la démocratie ne peut pas se conformer aux seuls intérêts des marchés, de la finance et des couches privilégiées au mépris des citoyens et de leurs aspirations.
• Les idéologues de la mondialisation capitaliste ont méticuleusement vidé la démocratie de sa substance tout en y faisant constamment référence pour parer leurs pratiques de ses vertus.
• L'insécurité sociale est devenue générale, les droits et les solidarités assimilées à des politiques « d'assistance » improductives, les cotisations sociales à des « charges » qu'il importe de réduire le plus vite possible au nom de la sacro-sainte compétitivité.

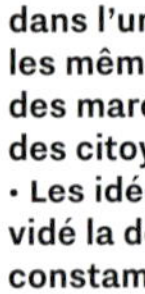

**Départ :**

| | | | |
|---|---|---|---|
| 1<br>Vous recherchez un stage. | 2<br>Vous avez un contrat de stage. | 3<br>Le stage se termine. | 4<br>Chômage : sautez trois tours. |

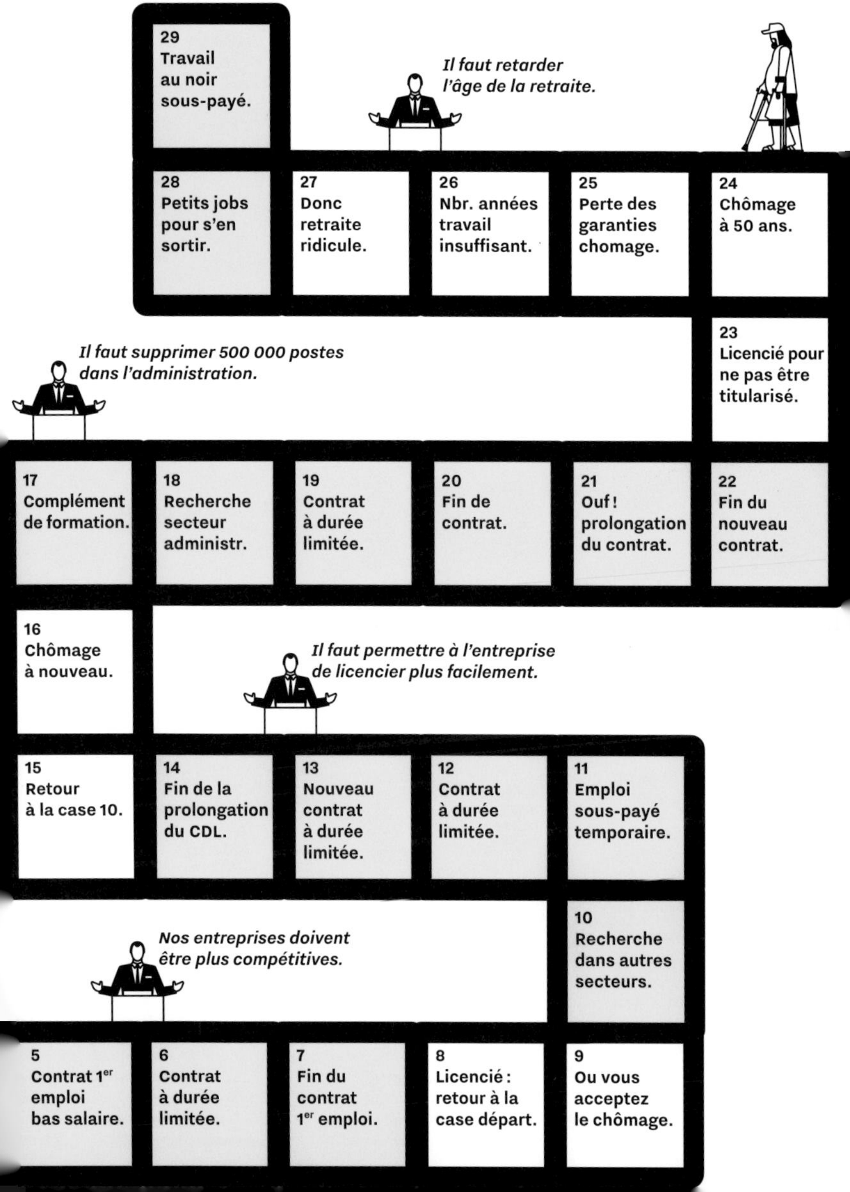
5 Contrat 1er emploi bas salaire.
6 Contrat à durée limitée.
7 Fin du contrat 1er emploi.
8 Licencié : retour à la case départ.
9 Ou vous acceptez le chômage.
Nos entreprises doivent être plus compétitives.
10 Recherche dans autres secteurs.
11 Emploi sous-payé temporaire.
12 Contrat à durée limitée.
13 Nouveau contrat à durée limitée.
14 Fin de la prolongation du CDL.
15 Retour à la case 10.
Il faut permettre à l'entreprise de licencier plus facilement.
16 Chômage à nouveau.
17 Complément de formation.
18 Recherche secteur administr.
19 Contrat à durée limitée.
20 Fin de contrat.
21 Ouf ! prolongation du contrat.
22 Fin du nouveau contrat.
Il faut supprimer 500 000 postes dans l'administration.
23 Licencié pour ne pas être titularisé.
24 Chômage à 50 ans.
25 Perte des garanties chomage.
26 Nbr. années travail insuffisant.
27 Donc retraite ridicule.
28 Petits jobs pour s'en sortir.
Il faut retarder l'âge de la retraite.
29 Travail au noir sous-payé.

# Ainsi apparaît la silhouette contemporaine de la « démocratie de marché » qui associe politique-spectacle et soumission au marché.

Celui-ci est censé apporter l'harmonie par son auto-régulation spontanée.

- La culture managériale a envahi toutes les institutions. La gouvernance néolibérale fait de l'espace public non plus le lieu de construction conflictuelle de l'intérêt général et de la souveraineté populaire, mais celui de l'ajustement des comportements et des consciences aux lois du marché.
- L'État se défait de ses fonctions sociales pour se recentrer sur ses fonctions régaliennes, de contrôle des populations et de répression des dissidences.

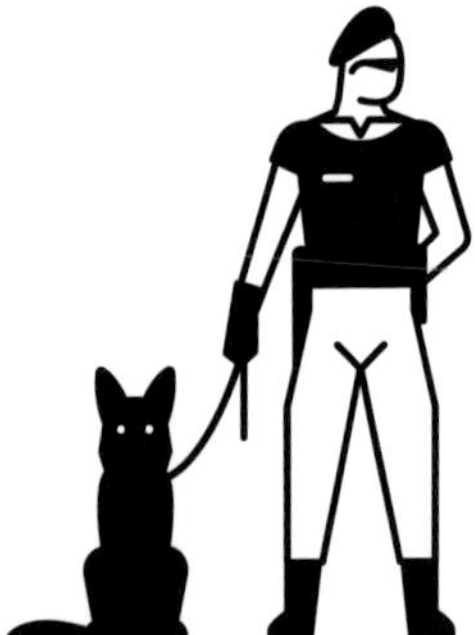

Médias majoritairement entre les mains des riches.
Libre de voter, mais pas vraiment de choisir, ni surtout de s'exprimer.
Coût des campagnes électorales qui favorisent les riches.

# Des élections « libres » préservent les apparences mais le pouvoir réel est confié à des technocrates et des institutions dites « indépendantes » qui oeuvrent en fait au service exclusif de l'oligarchie.

Dans tout cela le peuple est le grand absent. Or il n'est pas de démocratie sans citoyens et citoyennes gouvernant eux-mêmes une communauté politique selon des des finalités et des principes communs.

*• Oligarchie : accaparement d'un pouvoir ou d'une autorité par une minorité.*

*• Ploutocratie : système politique ou social dans lequel le pouvoir est exercé par les plus riches.*

*• Démocratie : régime politique dans lequel le pouvoir est détenu ou contrôlé par le peuple (principe de souveraineté), sans qu'il n'y ait de distinctions dues à la naissance, la richesse, la compétence… (principe d'égalité)*

La Banque centrale est la banque des banques commerciales et elle est en charge de la politique monétaire des États.

La Banque des règlements internationaux est chargée de favoriser la coopération des banques centrales.

Le Fonds monétaire international organise le système monétaire international et apporte des financements sous conditions aux pays en difficulté.

L'Organisation mondiale du commerce est la seule organisation internationale qui s'occupe des règles régissant le commerce entre les pays.

L'Organisation de coopération et de développement économiques est une organisation internationale d'études économiques, dont les pays membres ont en commun un système parlementaire et une économie de marché.

Tribunaux de libre-échange qui permettront aux entreprises d'attaquer les États voulant réguler leur activité et réduire leurs profits.

Un lobby est un groupe de pression qui tente d'influencer les lois, les réglementations, l'établissement des normes, les décisions..., pour favoriser ses propres intérêts, économiques en général.

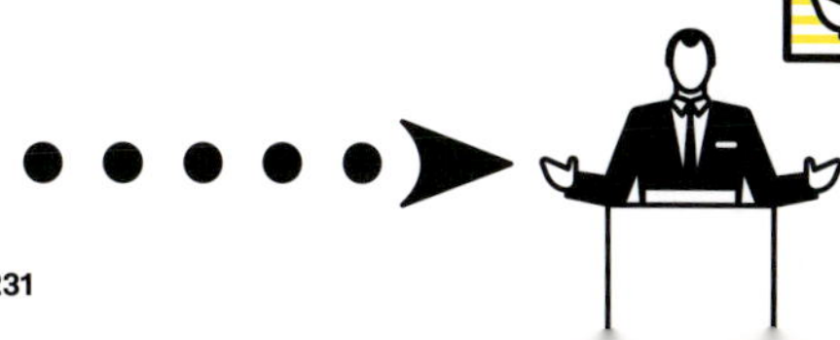

Le combat altermondialiste est fondamentalement un combat pour la démocratisation de la société.

# Il s'agit d'explorer tous les moyens qui permettront aux peuples du monde de retrouver une prise réelle sur leur avenir et la possibilité de choix alternatifs d'organisation sociale.

L'ajustement permanent aux exigences de la finance ne peut plus être imposé aux peuples. Le déni de démocratie ne peut que mettre la paix en danger : la liberté économique tant vantée par l'idéologie néolibérale crée l'insécurité sociale et la panique identitaire, ouvrant la voie aux politiques sécuritaires à l'intérieur et guerrières à l'extérieur.

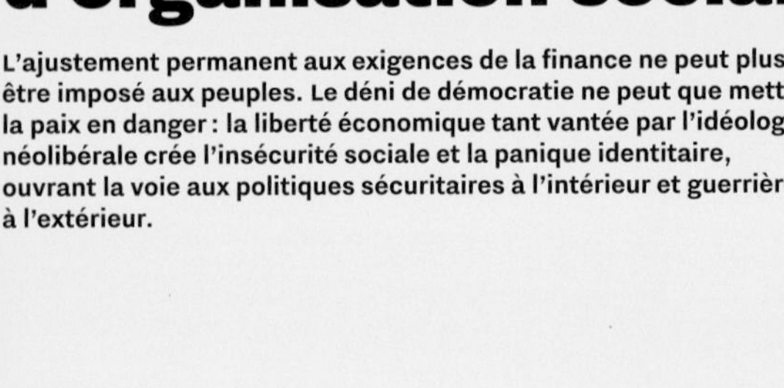


Sur le modèle des jurys populaires, on peut envisager un Sénat de citoyens ou encore des « chambres populaires de citoyens ordinaires ».

# Sénat de citoyens : 500 personnes tirées au sort pour un an.

La démocratie est au centre du projet pour un autre monde, elle est une pratique politique et citoyenne en construction permanente.

# La démocratie est à la fois la fin et le moyen de l'action politique ; elle n'est pas un supplément d'âme, mais désormais la condition même de la survie des sociétés humaines.

Dans ce monde où les objectifs de rentabilité et de profit pour un petit nombre déterminent les décisions fondamentales, la question démocratique prend pour nous une place centrale dans la construction d'un autre monde. Les crises écologique, financière et sociale rendent les citoyen(ne)s du monde entier interdépendant(e)s les un(e)s des autres et pousse à l'auto-organisation d'une société civile et d'une communauté politique mondiale.

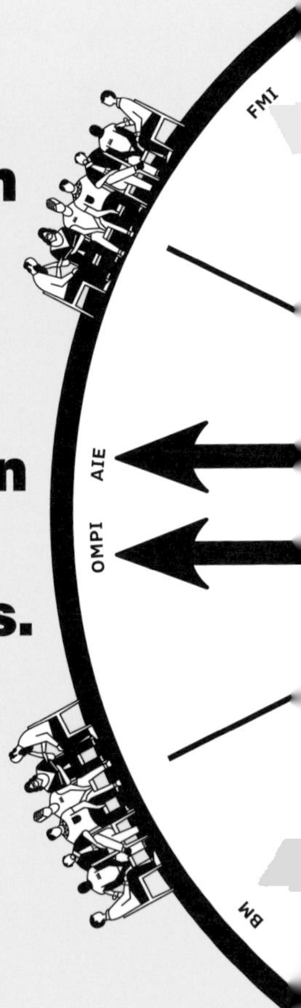

Le sénat des citoyens du monde aura pour objet d'observer et de participer aux prises de décision des organisations et rencontres internationales.

# Il faut en finir avec la confusion des rôles politiques et économiques, et interdire les allers-retours entre haute fonction publique et conseils d'administration de grandes entreprises, ainsi que le lobbying institutionnalisé.

• Il n'est plus possible de différer l'interdiction du cumul des mandats et la parité réelle dans les institutions. Ni le droit de vote de tou(te)s les résident(e)s d'un pays.
• Le droit au référendum d'initiative citoyenne doit être établi immédiatement, avec un nombre raisonnable de signatures correspondant à un centième de la population pour des thèmes compatibles avec les diverses déclarations des droits humains.

*Et enfin le droit de vote pour toutes et tous.*

État
$ ou €

# En amont de la politique institutionnelle, la délibération démocratique suppose des citoyen(ne)s informé(e)s.

- Donc le droit de tou(te)s à l'éducation, à une information sereine, indépendante des pouvoirs économiques et politiques, à une culture qui dépasse « l'entertainment ».

- L'État doit au contraire garantir le pluralisme de l'information par des dispositions précises, pour que les citoyen(ne)s puissent construire leurs opinions sur la base d'expressions et d'explications diverses comme de débats auxquels ils seront susceptibles de participer.

- Les stratégies de marketing politique devront être exposées à l'analyse et le financement des campagnes contrôlé.

Réunion de prise de décision.

Transmission des informations au responsable de la communication.

Retranscription partielle des faits pour la presse.

Une information claire et neutre est diffusée aux citoyens.

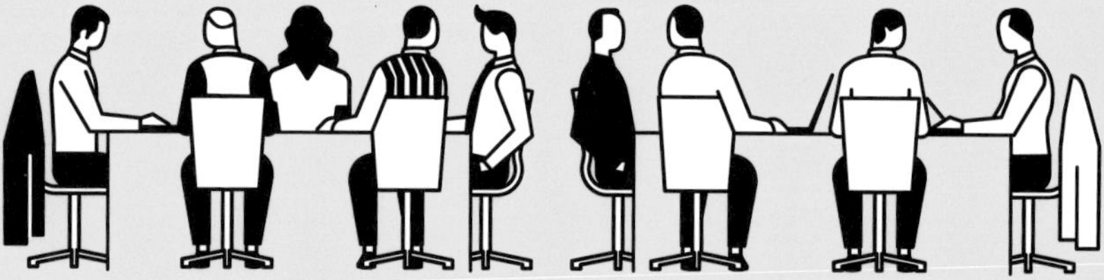

Présence d'un(e) sténographe qui diffuse sur le réseau en temps réel.

Présence d'un(e) délégué(e), d'un(e) observateur(trice) et d'un(e) participant(e).

Analyse du compte rendu par le Sénat populaire.

Compte rendu de la réunion par la déléguée devant le Sénat.

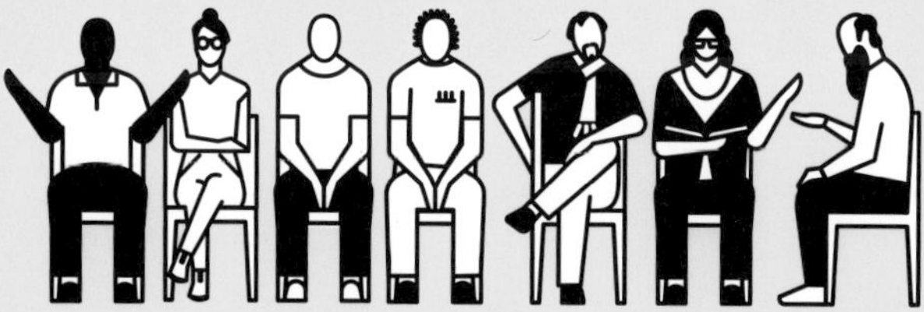

C'est la manière dont l'État s'adresse aux citoyens, dont il les informe et dont il prend en compte leurs avis qui est totalement à redéfinir. Si aujourd'hui la suspicion existe, c'est bien qu'on écarte les citoyens de leur responsabilité civique.

La communication publique inspirée par le secteur marchand ou par la propagande sont à proscrire. Le citoyen doit se voir confronté aux doutes, aux questionnements et aux avis contradictoires sans le filtre de commentateurs et de communicants.

# L'élection d'un monarque républicain au suffrage universel relève d'une bien triste parodie de démocratie.

• Il est urgent d'inventer de nouvelles pratiques démocratiques non exclusivement délégataires et conjuguant l'élection avec d'autres modes de désignation des responsables : démocratie directe, tirage au sort, etc.
• Les représentant(e)s (locaux, nationaux et internationaux) doivent rendre des comptes, y compris devant des jurys de citoyen(ne)s tirés au sort, destinés à mettre en discussion et évaluer leur action. Les citoyen(ne)s doivent pouvoir révoquer un(e) élu(e) qui ne respecte pas ces engagements (référendums révocatoires).
• L'ensemble des instances internationales doivent relever d'une plus grande démocratie et transparence. Les délégué(e)s doivent être là aussi élu(e)s par le peuple sur la base de programmes et d'intentions.

*Pour le nouveau pic de pollution, comme les pouvoirs publics ne prennent pas les mesures adéquates, il nous faut nous organiser de notre côté pour stopper les vraies sources de pollution.*

*Encore une fois nous n'avons pas été consultés par rapport à la construction de ces écoles. Résultat : elles ne sont pas appropriées aux réels besoins des familles.*

*Il nous faut analyser ce budget municipal de plus près et proposer une réelle alternative qui prenne mieux en compte les problèmes sociaux en les abordant sur le long terme.*

*Les services de communication relayés par les médias officiels continuent de tromper les citoyens sur ce grave problème sanitaire, il nous faut alerter la population. Il est important de révéler les chiffres plutôt que de prendre les citoyens pour des incapables.*

# On ne peut dissocier la démocratie de l'égalité d'accès aux droits fondamentaux pour toutes et tous :

• Les usagers des services publics et de la sécurité sociale ont le droit de participer aux décisions les concernant. Citoyen(ne)s usagers et salarié(e)s doivent disposer d'une représentation réelle dans les instances de direction, pour garantir un accès de tou(te)s à l'éducation, à la santé, à la culture, aux transports ou encore au logement dans des conditions qui prennent en compte les réalités sociales et les attentes diversifiées.

# Concernant la recherche scientifique :

• Elle doit être libérée des conflits d'intérêts et dégagée des intérêts privés qui l'orientent vers la rentabilité immédiate au détriment des orientations décidées démocratiquement par la société dans sa diversité.

*Nous aurons à définir aujourd'hui les nouvelles priorités en matière de recherche.*

*Les nouveaux pics de pollution nous placent au centre de nouveaux défis.*

*Les scientifiques pourront sans doute nous aider dans le domaine médical, mais c'est insuffisant.*

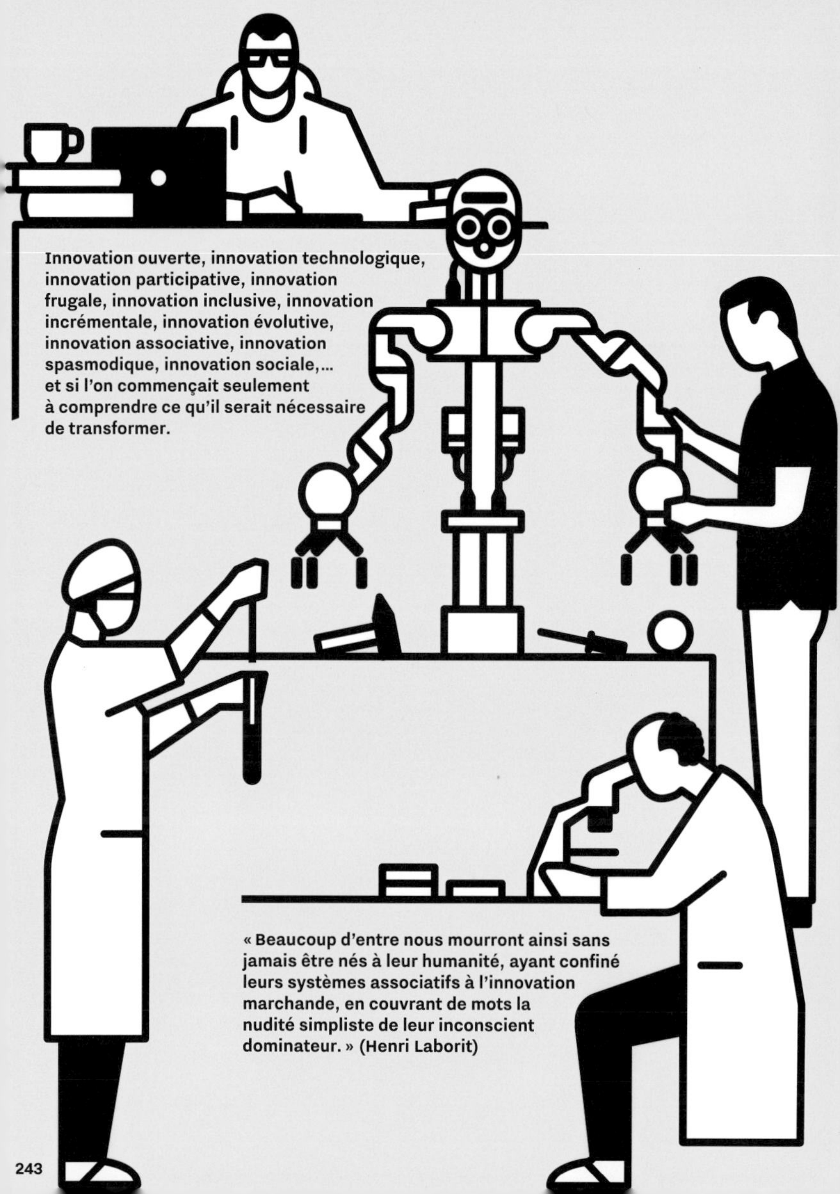

**Innovation ouverte, innovation technologique, innovation participative, innovation frugale, innovation inclusive, innovation incrémentale, innovation évolutive, innovation associative, innovation spasmodique, innovation sociale,… et si l'on commençait seulement à comprendre ce qu'il serait nécessaire de transformer.**

**« Beaucoup d'entre nous mourront ainsi sans jamais être nés à leur humanité, ayant confiné leurs systèmes associatifs à l'innovation marchande, en couvrant de mots la nudité simpliste de leur inconscient dominateur. » (Henri Laborit)**

# La plupart des élu(e)s sont très réticents face à tout accroissement du pouvoir de contrôle des citoyen(ne)s.

- L'accusation de « populisme » fleurit dès qu'on évoque des mécanismes de démocratie directe, ou même dès qu'on critique les fonctionnements existants.
- Mais sans attendre que nos élu(e)s le décident, nous pouvons organiser nous-mêmes des votations citoyennes, des conventions de citoyens, des assemblées populaires dans les quartiers et les lieux de travail, pour débattre ensemble de nos affaires et décider d'actions collectives.

# Installons les mécanismes qui permettent la participation de chacun(e), la rotation des responsabilités, la prise de parole de tou(te)s, le contrôle des élus.

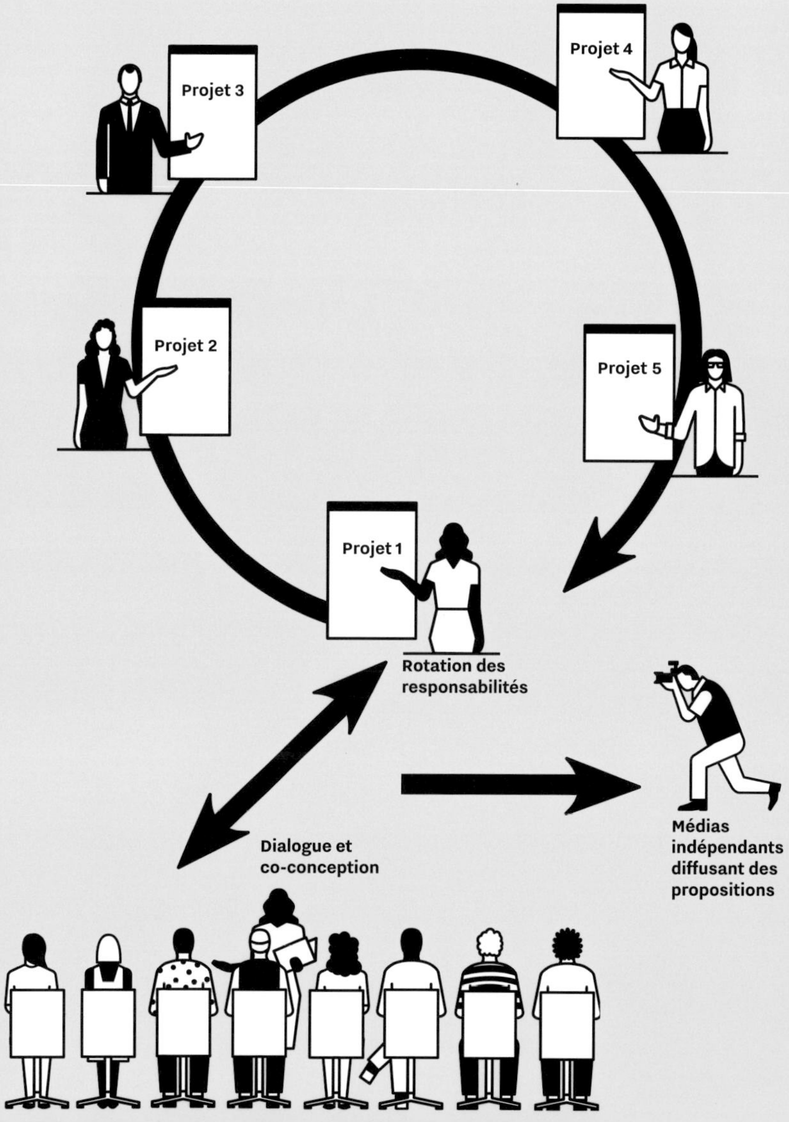
Projet 3
Projet 4
Projet 2
Projet 5
Projet 1
Rotation des responsabilités
Dialogue et co-conception
Médias indépendants diffusant des propositions

# Nous pouvons encourager la création et la reprise d'entreprises sous forme de Coopératives de travailleurs ou de Sociétés coopératives d'intérêt collectif.

- La pression sur les pouvoirs publics pour faciliter le rachat des parts, l'accompagnement des équipes lors de la restructuration, le conseil de pilotage.
- Un droit de présomption doit être attribué aux salarié(e)s voulant reprendre sous ces formes leur entreprise en difficulté.
- Il n'y a pas de démocratie sans luttes : il nous faut nous réapproprier l'espace public pour y organiser des assemblées populaires, pour y mener nos actions d'éducation populaire, pour y prendre des initiatives culturelles émancipatrices (théâtre-forum, conférences performatives ou « gesticulées ») et pour y développer des médias indépendants...

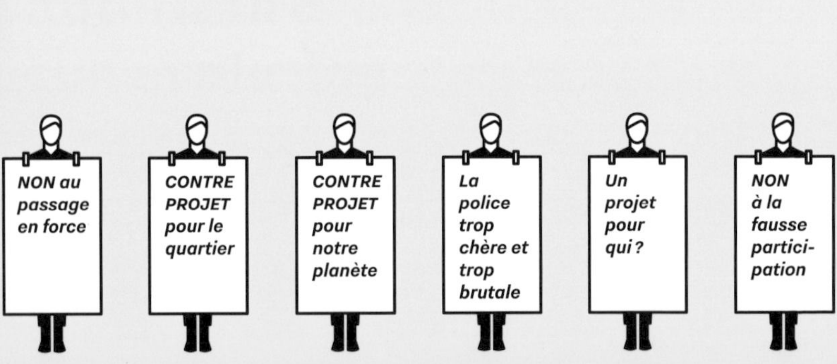

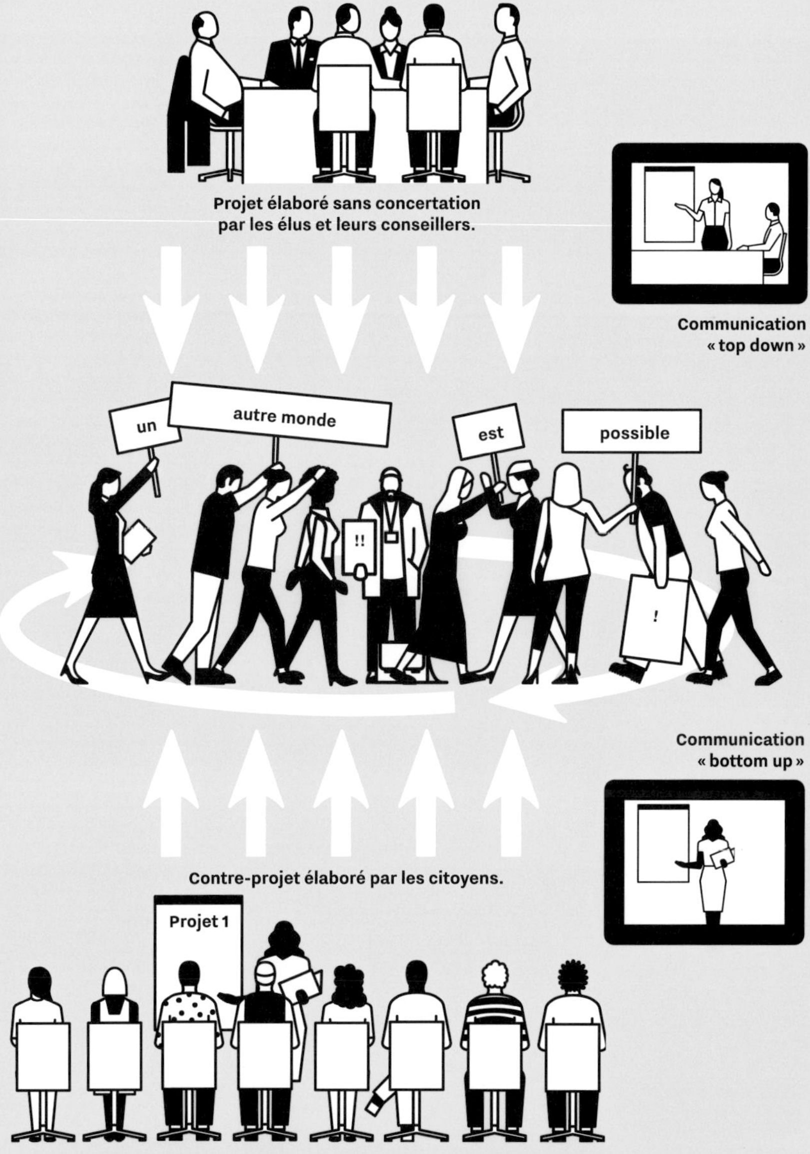
Projet élaboré sans concertation par les élus et leurs conseillers.
Communication « top down »
un
autre monde
est
possible
!!
!
Communication « bottom up »
Contre-projet élaboré par les citoyens.
Projet 1

Plus globalement, dans la perspective de relations internationales moins inégales, il faut s'appuyer sur des instruments internationaux tels que la Charte des Nations Unies pour défendre la paix et les droits des peuples. Cette charte, bien qu'imparfaite, contribue à la fois au droit à l'autodétermination des peuples et à des relations moins dépendantes du pouvoir des États les plus puissants et des multinationales.

# Le Forum social mondial, créé en alternative au forum des trop riches de Davos, confirme la vitalité de l'altermondialisme, sa capacité à se lier aux nouveaux acteurs des luttes démocratiques, sociales, écologiques...

**Nous voulons développer les espaces uniques de rencontre, de réflexion et de dialogue de la société civile mondiale. Avec tous ces mouvements, il nous faut renforcer nos capacités d'action commune face à des enjeux mondiaux qui ne peuvent plus attendre comme la crise climatique, l'instabilité financière, les injustices qui provoquent guerres et migrations forcées...**

Un
autre monde
est
nécessaire

Les actualités télévisées nous apportent chaque jour leur lot de mauvaises nouvelles. Records de chaleur planétaire et d'inégalités sociales, guerres et extinction des espèces, cyclones et crises financières, chômage et inondations, élection de politiciens démagogues et brutaux… Nous nous sentons impuissants, la tentation est forte de renoncer à changer les choses, de se replier sur la famille, le clan, la tribu…

**Pourtant la société bouillonne d'énergie positive et de créativité. Partout des milliers d'initiatives citoyennes réinventent l'alimentation, le logement, le transport, la culture, la démocratie.**

Partout émergent les pratiques collaboratives et de partage, qui préfigurent des modes de vie beaucoup plus chaleureux, durables et équitables. L'exigence d'une vie saine et l'aspiration à une cité démocratique n'ont jamais été aussi fortes dans les têtes et les cœurs des gens de par le monde.

**Les projets racistes et sexistes de la droite autoritaire n'offrent aucune solution aux souffrances des gens ordinaires. Si leur imaginaire régressif séduit autant,**